U0562519

本书由国家社会科学基金项目"巴以水冲突研究"(13XSS012)及重庆邮电大学博士启动基金项目"翻译不确定性与英汉互译"(K2014-138)资助

陈 卉 / 著

翻译不确定性　理论与实践

INDETERMINACY OF TRANSLATION
Theory and Practice

社会科学文献出版社
SOCIAL SCIENCES ACADEMIC PRESS (CHINA)

目 录

内容摘要 …………………………………………………… 1

导　论 ……………………………………………………… 1

第一章　从彻底翻译到翻译不确定性 ………………… 14
　第一节　思想实验：彻底翻译 …………………………… 14
　第二节　行为主义意义理论 ……………………………… 22
　第三节　翻译不确定性论题 ……………………………… 26
　第四节　传统翻译观面临的挑战 ………………………… 37

第二章　蒯因论翻译不确定性 ………………………… 42
　第一节　基于指称的不可测知性的论证 ………………… 43
　第二节　基于证据对理论非充分决定性的论证 ………… 49

第三节　基于本体论相对性的论证 …………………… 53
第四节　意义证实论与意义整体论 …………………… 57

第三章　翻译与诠释 …………………………………… 64
第一节　真理与意义 …………………………………… 65
第二节　从彻底翻译到彻底诠释 ……………………… 71
第三节　诠释与翻译的可能性 ………………………… 77

第四章　翻译不确定性与翻译理论及实践的相关性 ……… 90
第一节　翻译不确定性与翻译理论的关系 …………… 90
第二节　翻译不确定性与翻译实践的关系 …………… 103
第三节　翻译评价的标准：翻译意义 ………………… 121

第五章　从翻译不确定性看英汉互译的理论与实践 ……… 128
第一节　英汉互译的案例分析 ………………………… 129
第二节　翻译的客观性与不确定性 …………………… 202
第三节　信达雅翻译标准新解 ………………………… 212

结　语 …………………………………………………… 234

参考文献 ………………………………………………… 240

后　记 …………………………………………………… 258

内容摘要

本书对蒯因提出的翻译不确定性论题进行了理论梳理,并将这一语言哲学论题与一般翻译以及英汉互译的理论与实践相结合,提出了一种以翻译意义为依据的,既具有客观性,又能容纳不确定性的新的翻译观念。

首先通过文献归纳与概念分析,对蒯因的翻译不确定性论题进行了批判性审查。持行为主义意义观的蒯因设想了一个彻底翻译的思想实验,在这个思想实验中,观察句是基础,刺激 - 反应是判断的标准。他通过分析发现:以同一个语言事实为观察基础的几个翻译手册之间可能会互不相容,因为彻底翻译思想实验的三个步骤——兔子跑过时语言学家对语词的猜测、土著人同意或不同意、语义上升后的分析假设——全部隐藏着意义的不确定性,特别是第三步分析假设阶段,并由此得出翻译不确定性的结论。这一论题对以意义事实为基础的传统翻译观提出了挑战。在对这一论题的进一步阐释过程中,蒯因体现了自己的整体论观念、实用主义思想以及新经验主义立场。

本书进一步分析了蒯因提出翻译不确定性论题的三点理由：指称的不可测知性、证据对理论的非充分决定性，以及本体论的相对性。指称的不可测知性类似于一种弱意义上的翻译不确定性，它预设的是语词的物化，即我们对客观世界的感知和认识会随着时间的推移而失真的特性。这种指称的不可测知性表现在语言学习的四个阶段、指称本身的异常多变性（模糊性、歧义性及不透明性），以及语言的特异性三个方面。证据对理论的非充分决定性类似于一种较强意义上的翻译不确定性，它预设的主题是其由感觉证据赋予的经验内容，是指我们关于世界的科学理论超越了我们对世界的观察。而本体论的相对性是指相对于特定的背景知识，相对于分析假设和相对于对存在量词的不同理解方式。但是，按照蒯因行为主义的意义观，几个相互竞争的翻译手册中，没有证据能够证明哪一个是正确的，而没有正确的翻译意味着没有意义的存在，由此导致了意义怀疑论，翻译的可能性也受到挑战。因此，蒯因的理论需要进一步修改和完善。于是，我们引入戴维森的真值条件意义论，并通过彻底诠释、诠释不确定性及三角测量模式来阐述从诠释到翻译的可能性。

在上述讨论的基础上，本书进而探讨了翻译不确定性论题与翻译理论及实践的关系。首先，对所谓不可译性的几个方面进行了分析与讨论，并尝试提出可能的解决办法。然后，通过对翻译不确定与可译性及不可译性之间三组关系的讨论，再次论证翻译的可能性。接着，例举翻译实践中存在的几个方面的差异与不匹配，并提出了可行的解决方法。基于翻译是可能的，但有不确定性的特点，本书对多里特·巴-恩（Dorit Bar-On）

提出的翻译意义概念进行了修正、改善，将它视为介于源语文本与译语文本之间的一套特征。这些特征是通过概念整合而形成的，具有语境依赖性、时间性、协商性、生成性及动态平衡性。翻译意义被引入翻译评价体系，作为判断翻译好坏的标准。

最后，结合翻译不确定性论题，通过典型案例分析法，本书对英汉互译中的一些理论问题和实践问题做了批判性的考察，提出了一些启发性的见解。通过比较研究的方法，对比同一原文本的不同翻译版本之间的联系和区别，主张以保存翻译意义的多少作为评价标准来区分好坏与优劣。也就是说，翻译意义保留得越多，翻译就越好，反之则越差。翻译意义对翻译文本的评价指标分为准确、最佳、相当、更好四个基本类型。此外，本书还将翻译意义作为协调一种既能容纳不确定性，又具有基于文本类别不同的客观性的新的翻译观念的手段，并以语境原则及翻译意义作为协调信达雅的分析框架，重构了一组可用于评价英汉互译对错与优劣的合理性标准。

导　论

一　问题背景

自从蒯因（W. V. Quine）在其名著《语词与对象》（*Word and Object*, 1960）中明确提出翻译不确定性论题（the thesis of the indeterminacy of translation）以来，该论题就一直是语言哲学领域持续讨论的一个热点。究其缘由，可以蒯因本人在《语词与对象》中表达的几个观点为例予以展示：

（1）语言是一种社会性的技能，为了获得这种技能，我们不能不完全依赖于主体间通用的提示我们要说什么和什么时候说的信号。因此，除了通过人们对社会交际中可见刺激的明显反应倾向，我们不能以任何根据去核实语言的意义。承认这一限制，结果就会发现翻译工作包含着某种经常有的不确定性。（Quine，1960：ix）

由此可见，翻译不确定性论题与语言交流和意义理解密切相关，而且，因为语言交流和意义理解受制于刺激反应倾向，所以刺激反应倾向也是翻译不确定性论题的一个限制条件。

（2）翻译的不确定性甚至涉及一个语词是否适用于所要解释的对象问题。关于指称的语义学研究只有从内部实际针对我们的语言时，才会成为有意义的。（Quine，1960：ix）

也就是说，翻译不确定性论题与语言表达式的指称问题密切相关。

（3）我们知道，能够有意义地谈论语言间的同义性乃是翻译得以实施的必要条件，而正如我们只有在某种理论或概念框架的词项范围内才能有意义地谈论一个句子的真假，整个来说，我们也只有在一定的分析假设的词项范围内才能有意义地谈论语言间的同义性。（Quine，1960：75）

这就表明，翻译不确定性论题与语句的真理性问题密切相关，而且不同语言表达式之间的同义性（synonymy）乃是一个关键问题。

综上所述，在蒯因看来，翻译不确定性论题与意义（meaning）、指称（reference）和真理（truth）这三个语言哲学的核心问题密切相关。因此，翻译不确定性论题本身成为当今语言哲学的热点问题也就不足为奇了。"普特南（H. Putnam）曾兴奋地表示，蒯因关于翻译不确定性的论证是自康德的先验范畴演绎以来最吸引人的引起最广泛讨论的哲学论证"（陈波，1998：144）。弗里德曼则认为，"蒯因的翻译不确定性论题也许是当代哲学中最著名并得到最广泛讨论的哲学论证"（Friedman，1975：353）。与该论题相关的研究，除了直接关乎哲学领域以外，还拓展到语言学习、语言交流、语言诠释及语言翻译等领域。

就本书所论问题的相关性而言，关于蒯因的翻译不确定性论题，主要涉及语言哲学和翻译理论两个方面。以下将据此简述有关的研究状况。

（一）翻译不确定性在语言哲学领域的研究

在语言哲学领域，相关研究集中于揭示翻译不确定性论题在蒯因批判意义实体化、指称确定性和真理符合论，进而确立意义整体论、指称非确定性和真理约定论在论证中发挥的关键作用。此类研究体现了蒯因本人在《语词与对象》中展示的论证思路，典型代表人物有斯科特·索姆斯（Scott Soames，1999、2003）、亚历山大·米勒（Alexander Miller，2002、2006、2007）等。

米勒认为，对于翻译不确定性论题，蒯因给出了两条基本的论证思路，即来自底层的论证（the argument from below）和来自顶层的论证（the argument from above）。他明确指出：

> 事实上，对于该不可翻译性论题，至少有两条一般性的论证线索：来自底层的论证，它源于蒯因最重要的哲学著作 Word and Object 的第二章；来自顶层的论证，源于蒯因的一篇短文 "On the Reasons for the Indeterminacy of

Translation", 其根据在于通盘考虑了这样一个问题, 即所有可能的观察证据对科学理论的非充分决定性 (the under-determination of scientific theory by all possible observational evidence)。(Miller, 2007: 142)

在其论文 "Identity and Predication" 中, 伊文斯 (Evans, 1985: 25-48) 批判了来自底层的论证方案。他的基本策略是主张将翻译不确定性与意义不确定性区分开来, 从而否认蒯因根据翻译不确定性来为其意义怀疑论立场辩护的合理性。换言之, 伊文斯认为, 针对一种语言, 构建翻译手册不同于构建意义理论: 翻译手册是为将某一语言的句子转换成另一语言中具有相同意义的句子提供方法, 而意义理论对于语言的句子来说, 蕴含了它所意指的陈述。沿着这条批判线索展开论述的, 还有胡克威 (C. Hookway) 的 *Quine: Language, Experience and Reality* (1988) 一书。

至于来自顶层的论证, 则受到了诺姆·乔姆斯基 (Noam Chomsky, 1969) 和罗伯特·柯克 (Robert Kirk, 1986) 的反驳, 他们都认为这一论证方案纯属多余。乔姆斯基做出这一断言的根据是: 他认为, 正如蒯因本人所采用的来自顶层的论证所表明的那样, 所谓翻译不确定性论题, 其实只不过是当代知识论和科学哲学中所谓观察资料对理论非充分决定性论题 (the thesis of under-determination of theory by observational data) 的一个实例而已, 不值得特别关注。柯克则认为, 蒯因从刺激反应推断模式中已经假定了翻译不确定性论题, 他假定来自底层的论证能够推导出不确定性理论, 这样, 来自顶层的论证便无助于建立他所期望的结论。柯克还以对有些翻译手册的不可接受性来反驳蒯因的不确定性论题。

在索姆斯（1999）看来，蒯因的翻译不确定性论题是基于以下出发点的：通常所谓概念的意义和指称概念是不合法的、前科学的，在关于世界的科学描述中找不到意义和指称的通常概念，因此，它们应当被那些在科学上备受尊重的替代物所代替。在重构蒯因的翻译不确定性论题的过程中，从证据对理论的非充分决定性来看，索姆斯指出，蒯因的刺激-反应模式不能解决所有的句子翻译问题（如抽象句），刺激意义也未包括迟疑及停顿的状况。而且，蒯因对所谓刺激意义的界定也不清楚，因为规约性隐含意义和会话含义均可激发同意或不同意，因此，会出现信息相同而意义不同的情况。还有，蒯因对逻辑不相容及指称不同的区别也未解释清楚。索姆斯认为翻译不确定性论题也同样适用于同一种语言内部人们之间的相互交流。总之，索姆斯认为，刺激意义作为翻译的证据太局限，它不能穷尽相关的观察证据，如通过定义、明示等方法来介绍语词的情况，通过解释、例证等方式习得语言的情况，自然使用而非促使使用语词的情况，等等。

索姆斯（2003）强调指出，从翻译不确定性来看，蒯因基于行为主义前提的路径面临两个问题：一是行为主义本身的问题，即存在非观察事实；二是关于刺激意义的问题，因为何为同意或不同意，其本身依赖之前关于刺激意义的事实，即依赖同意或不同意的事实。另外，刺激意义中的同意/不同意包含一种信念，但接受此信念而否认其他信念是严格的行为主义所不允许的。从行为主义（behaviorism）和物理主义（physicism）

两条翻译不确定性论题的路径来看，索姆斯认为，引起刺激意义的事实并不是唯一决定意义的事实。物理主义认为，所有的真正的真理（事实）由物理的真（事实）所决定，但蒯因将物理的真当作配置于理想物理学语言中大体上所有真的类，而这显然不是真正的真或事实。对于蒯因的翻译不确定性论题，索姆斯认为其前提和结论都不清楚。特别是按照物理主义的教条，难以说清楚是什么样的决定关系激发了在物理主义的教条中，通过物理来决定的翻译非充分决定性和翻译不确定性。一个经验理论包含在物理真理中找不到的词汇，这个理论便不是物理真理的逻辑结果。基于物理学的翻译理论的非充分决定性导致了只有在物理主义为真，且决定关系被认为是先天的结果的情况下，翻译不确定性才成立。但从物理事实中引出经验理论的理论检验或搭桥原则满足不了先天性，因为它本身是经验的。因此，通过论证，先验的决定关系并不成立。从物理学的角度来看，只有物理事实才是意义的最终决定因素，因此，我们有理由拒斥翻译的非充分决定性。索姆斯批判蒯因及其追随者在推导翻译不确定性的时候预设了先天即必然，但我们都知道先天和必然是应该被区分开来的。通过考察蒯因展开包含意义与指称不确定性的论证过程，索姆斯认为蒯因是一个意义及指称的取消主义者。成中英（2014：66）则指出："翻译不确定性揭示了一种暗藏的心灵在起作用"，与作为倾向的意义有关。

国内语言哲学界对这一论题进行研究的学者包括陈波（1996、1998）、朱志方（2008）、叶闯（2009）、梅剑华（2011）、孙冠臣（2006）、施展旦（2015）、夏国军（2015）、潘松（2015）等。他们的主要研究内容如下：重构蒯因翻译不确定性的论证过程并做出评价，讨论翻译不确定性论题的本质、主旨及其与日常语言翻译的关系；讨论蒯因意义整体论的证立与反驳；同时对那些批判蒯因否认意义事实，最终导致意义怀疑论的观点进行回击。也有人从翻译的可能性出发批判蒯因的不确定性论题。

关于翻译不确定性论题的本质，陈波（1998：144 – 149）、梅剑华（2011：104）及叶闯（2009：90）均认为这是一个认识论的论证或形为主义认识论的结果，而不是意义不存在的形而上学的结果。陈波甚至将它看作人在认识过程中的主动性和创造性，而不是通常所认为的人的认识的局限性。也有人认为"翻译不确定性不是语言层面上的，而是信念和价值层面上的"（孙冠臣，2006：77）。陈波认为这一"论题的主旨是拒斥作为心理实体的意义，是蒯因自然主义语言观和行为主义意义论的必然推论"（陈波，1998：147）。"翻译手册的不同可以利用蒯因系统内部的资源得到解决，而不需要求助传统的意义概念或者直观的意义概念"。那些对蒯因否定意义实体的反驳"在于错误理解了蒯因的论证策略，以为翻译不确定性论题是否定意义实体结论的充分必要条件"（梅剑华，2011：104）。

朱志方（2008：40）从翻译的可能性角度对蒯因的论题进行批判，他认为"人类有相同或相似的基本经验，词语有确定的指称，两种语言中的两个有相同指称的词语是可以相互翻译的。由人类基本经验的相似性得出真值条件的相同性可用作语句翻译的基本根据。由于指称是确定的，所以翻译是可能的"。

（二）翻译不确定性相关的拓展性研究

在对翻译不确定性论题进行批判性研究的基础上，将该论题与语言翻译、语言学习、语言交流、语言诠释等主题联系起来展开拓展性的研究，有代表性的成果是：诺姆·乔姆斯基（1969、1980）、唐纳德·戴维森（Donald Davidson，1984）、罗伯特·柯克（1986）、多里特·巴-恩（1987、1993）、乔西·麦地那（José Medina，2005）、单继刚（2007）及吕俊（2012）等。

（1）语言诠释与交流研究

戴维森借鉴蒯因"翻译不确定性论题"中"彻底翻译"的思想实验，设想出一种特殊的"彻底诠释"（radical interpretation）的情境，也就是诠释者处于类似于蒯因所谓的语言新大陆情境中（王静、张志林，2010：68）。他认为，同一种语言内及两种不同的语言之间均存在诠释的问题，所有对他人的言语理解均包括彻底诠释。在语言交流或诠释中，意义是关键。诉诸行为主义的事实来进行句子意义的分析不能解决复杂性及抽象性问题。将数量有限的词与非语言事实相联系的分析方式也是不成功的，因为词的语义特征不可直接基于非语言现象来解释，在给出整个句子的意义之前，我们不可能给出一个语词的基本解释（Davidson，2001a9：125）。彻底诠释不能作为理解说话者意向和信念的证据，"原因并不在于我们不能像彻底翻译那样问一些必要的问题来进行确认，而是因为对说话者意向、信念及话语的诠释是作为诠释整体工作的部分而进行的"（Davidson，2001a9：127）。戴维森将真理理论修正后作为诠释理论用于自然语言。蒯因的立场是经验主义、行为主义和自然主义，"关心的是'彻底翻译实际上是如何发生的'这类经验科学式问题"。戴维森舍弃了蒯因的立场,"关心的是'彻底诠释是如何可能的'这类先验式的哲学问题"(王静、张志林,2010:68)。

乔西·麦地那关注蒯因通过考察翻译进而引出语言诠释的方法论问题。他认为,"对于蒯因来说,翻译是一种模型,更是一种清晰的诠释形式,因为在翻译过程中,对象语言是在一种不同的语言,即诠释者的语言中具有意义的"(Medina,2005:71)。"蒯因的不确定性论题不仅是关于彻底翻译活动的,而且还关乎所有语言的使用,包括同一种语言之间的相互理解"(Medina,2005:74)。

乔姆斯基(Chomsky,1980:14)认为,"蒯因的翻译不确定性论题不仅适用于两种语言间的翻译,还适用于一种语言内部;而且,该论题不仅适用于意义问题,还适用于语言的任何理论进展"。

(2) 语言学习与翻译研究

麦地那(Medina,2005:95-101)比较了蒯因与维特根斯坦(Ludwig Wittgenstein)关于语言学习的两种哲学模式。他认为,"蒯因的语言学习模式是一种证据积累的归纳过程与理论建构","面临着运用感觉经验作为唯一证据基础构成复杂理论的挑战"。在麦地那看来,维特根斯坦的语言学习观似乎能更好地解释语言学习的本质。因为蒯因论题关于语言学习的过程"没有解释清楚语言学习者怎样从条件刺激的相关过程,转换到假设形成和检验的归纳过程,以及基于刺激反应模式的学习方法如何学习理论句的问题"。"蒯因的类比学习法对于儿童来说也包括了过强的知识化过程"。另外,蒯因还低估了语言学习过程中社会环境因素的影响。而"维特根斯坦关于语言学习过程中的文化社会适应观可以消解日常语言实践中的不确定性"。

陈波（1998：145）认为，蒯因的"原始（彻底）翻译是语言学习的特例，只与言语行为倾向及行为意义相关，因而翻译对错没有事实问题"。蒯因的翻译不确定性论题与我们的日常语言翻译不同，因为英汉翻译一类的日常语言翻译是相对于公认的翻译手册的，因而是确定的，可以根据这种公认的翻译手册来确定不同译文之间的对错、高低和优劣。可以这样说，翻译不确定性论题与我们的日常语言交流及语言翻译的现实问题关系不大。持同样观点的还有孙冠臣（2006）等。

多里特·巴-恩（1987、1993）及单继刚（2007）等探讨蒯因的翻译不确定性论题对翻译理论与实践的指导意义。巴-恩的梳理较为系统，从蒯因关于知识和语言的观点谈起，到不确定性的理由、不确定性论题的经验性问题、不确定性、证实论与怀疑论，最后谈到不确定性论题对翻译理论和实践的指导作用。

国内不少学者将蒯因的翻译不确定性论题用于指导我国英汉互译的理论与实践，如郭建中（2000、2010）、王丹阳（2003）、谭载喜（2004）、李德超（2004）、汤富华（2006）、刘军平（2010）、孙自挥（2011a、2011b）、彭爱民（2011）、武光军（2012）、黄会健（2014）、彭利元（2015）、杨晓琼（2016）等。他们的研究主要是对这一论题的理解和对翻译理论与实践的总体指导，但未见有系统梳理和详细讨论的。

二 主要任务及研究思路

本书是以英汉互译为主题,针对翻译不确定性论题所进行的拓展性研究。力求以蒯因本人的典型文本和语言哲学界相关的研究成果为依据,对翻译不确定性论题的核心要点和论证方式展开系统的批判性研究,尝试提出一些自己的见解,并结合具体的翻译实例,从翻译不确定性的角度重新审视英汉互译的理论和实践。本研究对于正确理解蒯因本人的语言哲学思想,深入探讨意义、指称、真理等语言哲学核心问题,以及重新审视有关的翻译理论,都具有重要的学术价值。

(一) 主要研究任务

(1) 根据蒯因的著作 *Word and Object* 等基本文献,阐明他提出翻译不确定性论题的基本思路,重点分析"彻底翻译"(radical translation)的思想实验(thought experiment)及其所预设的行为主义的(behaviorist)意义理论,并揭示其在引出翻译不确定性论题过程中所扮演的关键作用,进而分析翻译不确定性论题对传统翻译观的挑战。

(2) 以蒯因的论文 "On the Reasons for Indeterminacy of Translation" 等文献为基础,揭示出翻译不确定性论题的理论根据,重点讨论翻译不确定性与如下三个论题之间的关系:指称的不可测知性(the inscrutability of reference)、证据对理论的非充分决定性(the under-determination of theory by evidence)和本体论的相对性(ontological relativity)。

(3) 参照多里特·巴-恩的 *Indeterminacy of Translation: Theory and Practice* 等文献,分析翻译不确定性论题与一般翻译

理论和实践之间的相关性,尝试借鉴并完善巴-恩所提出的"翻译意义"(translation meaning)这一概念,进而探讨将这一概念作为评价翻译作品优劣的一个动态标准之可行性。

(4) 结合我国英汉互译的实际情况,并借鉴唐纳德·戴维森关于"彻底诠释"(radical interpretation)的有关思想,考察翻译与诠释之间的关系,并对英汉互译中的一些理论问题和实践问题做出新的探索。

(二) 研究思路

导论阐明翻译不确定性论题的研究现状:包括语言哲学领域及相关的拓展性研究;本书的主要研究任务及研究思路。

第一章梳理从"彻底翻译"的思想实验到"翻译不确定性"论题的提出思路,关键在于揭示出蒯因所主张并用以取代传统意义概念的"刺激意义"(stimulus meaning)概念,从而展示蒯因的行为主义和新经验主义立场,进而讨论翻译不确定性论题对传统翻译观的挑战。传统翻译观以"意义事实"(meaning facts 或 facts about meaning)为基础,承认"翻译手册"具有判断翻译是否达到"同义性"的标准。由于蒯因的翻译不确定性论题否认存在着"意义事实",批判传统的"同义性"概念,所以传统翻译观面临挑战。

第二章论述蒯因提出翻译不确定性论题的三点理由。根据蒯因在"Three Indeterminacies"(Quine, 1993)一文中的论述,翻译不确定性论题、指称不可测知性论题,以及证据对理论的非充分决定性论题,均属于不确定性问题的范围。一方面,这三个论题密切相关;另一方面,三者又各自预设了不同的主题。此外,指称的不可测知性也与本体论的相对性密切相关。据此,

导 论

本章将澄清指称的不可测知性、证据对理论的非充分决定性和本体论的相对性这三个论题在蒯因论证翻译不确定性的过程中发挥的关键作用。

第三、四、五章是对翻译不确定性论题的拓展研究。

第三章主要讨论翻译与诠释的关系，将从语言与真理的关系、如何从"彻底翻译"发展至"彻底诠释"，以及翻译/诠释是如何可能的几个方面展开讨论。

第四章论述翻译不确定性论题与翻译理论与实践之间的关系。从学理上看，翻译不确定性这一哲学论题与翻译理论与实践有着密切的相关性，它对我们重新思考可译与不可译的关系具有重要的意义。从实践上看，不确定性也是翻译领域的一个普遍现象。针对翻译不确定性问题，本章还将借鉴并完善"翻译意义"的概念，并探讨将它作为评价翻译好坏的标准之可能性。

基于前面的论述，第五章尝试将"翻译意义"的标准用于分析英汉互译的科学类、文学类、商务类、隐喻及口译的典型案例，主张以保留"翻译意义"的多少作为评价译本优劣的标准。如此，力求提出一种以"翻译意义"为依据的，既具有客观性，又能容纳不确定性的新的翻译标准，进而依此重审"信达雅"的翻译标准，并以翻译意义及语境原则（the principle of context）作为协调三者的分析框架。

最后，结语部分力求简明扼要地说明本研究可能得出的结论、主要创新点及不足之处，并提示进一步深化和扩展此项研究的可能思路。

第一章

从彻底翻译到翻译不确定性

在论证从彻底翻译到翻译不确定性的过程中,蒯因建立了一个与传统的意义概念框架完全不同的全新的分析框架:从外部行为和刺激入手的行为主义的分析框架。本章拟从蒯因的"彻底翻译"思想实验着手,重现蒯因的论证过程,重点强调行为主义意义理论在论证过程中的关键作用,并指出翻译不确定性论题对传统翻译观提出的挑战。

第一节 思想实验:彻底翻译

为了理解蒯因"彻底翻译"的思想实验,我们首先要了解什么是思想实验。思想实验是指:

> 当真正的实验在实践中甚至理论上是不可能的时候,

第一章　从彻底翻译到翻译不确定性

试图通过提供想象一个情境来检验一个假设。它设想对世界做出某种干预会产生什么结果，但并不真正实施这种干预。这一工具被哲学家和理论科学家广泛使用。它发挥想象来表明什么是可能的、什么是不可能的。思想实验既可以是摧毁性的也可以是建设性的。（尼古拉斯·布宁等，2001：1000-1001）

思想实验可以被看作一种特殊的推理形式，由于它是在研究者头脑中假想的、纯粹的和理想化的实验，不受外界因素的干扰，因此更有利于揭示事物的本质（单继刚，2007：180）。思想实验需要的是想象力，而不是感官。爱因斯坦曾说："理论的真理在你的心智中，不在你的眼睛里。"思想实验最初多被用于物理实验中，著名的例子有：爱因斯坦有关相对运动的思想实验，伽利略关于两个大小不同的铁球同时落地的思想实验（历史研究已经证明他并没有从比萨斜塔上同时扔两个铁球来证明亚里士多德的错误）。目前，思想实验的方法已经广泛地用于科学研究的各个方面，包括人文科学和社会科学领域。蒯因将这种方法用于研究语言的意义问题，他假想了一种彻底翻译（radical translation，也有人将其翻译为：新大陆翻译、真空翻译、原始翻译、原初翻译或极端翻译）的思想实验。

一　彻底翻译思想实验的目的和基本概念

蒯因认为，我们现在的翻译活动已不再是纯粹意义上的翻译活动，与语言互相依存的文化背景以及其他非翻译因素，如语言与语言之间存在的亲属关系（像英语和法语）等，都会有意无意地影响翻译过程，帮助译者在不需要完全依赖翻译手册的条件下进行翻译。而要讨论翻译的本质问题就需要把这些间接影响翻译的因素排除在外（Quine，1960：28）。为了解释翻译的不确定性，为了阐明在多大程度上两种语言间的翻译可以不受历史文化等因素的影响，蒯因构想出一种迄今为止没有任何记录的、我们从来没有接触过的原始部落的语言，并对它进行翻译。他假想了以下的场景：一个做田野工作的语言学家来到某个首次被现代文明世界发现的原始部落，试图对那里的土著语言进行翻译，这就是他的"彻底翻译"的思想实验。

在蒯因假设的"彻底翻译"思想实验中，这位田野语言学家没有任何翻译手册或口译员的帮助，他用作依据的所有客观资料只能是他本人所见到的、影响土著人生活的各种力量和可观察到的土著人行为，如发音或其他（Quine，1960：28）。在这种情况下，语言学家没有任何现成的参考，常规翻译中使用的各种技巧如语音分析、词汇对应、句型转换等，也全都派不上用场。他唯一能做的是：将观察到的外部刺激与由这种刺激所引起的语句相联系，并通过询问土著人以获得认同的方式，进而逐一建立起土著语言与我们语言之间的对应关系，而最终目的是编撰一部完整的翻译手册以供后来者使用。我们可以假想，有两个母语均为英语的语言学家，互不认识，也从未交流过。他们先后独自来到这个部落，做了独立的翻译工作，最终都各自编纂了一本翻译手册。但蒯因认为：

> 这两本翻译手册对于英语和土著语之间的翻译来说都是真的，但在不打破整体秩序的前提下，两本翻译手册在

第一章　从彻底翻译到翻译不确定性

句子层面却不能一一对应。也就是说，两本相互竞争的翻译手册中，描述相同丛林语句的英语句子之间却不能相互替换（Quine，1992：48）。

为什么会出现这样互不相容的翻译手册呢？蒯因认为，我们可以通过语言学家学习土著语过程中涉及的几个重要概念来解释。这几个重要概念是：刺激意义（stimulus meaning）、场合句（occasion sentence）与恒定句（standing sentence）、观察句（observation sentence）与非观察句（non-observation sentence）以及分析假设（analytical hypothesis）。

对一个主体来说，"一个句子的刺激意义就是他在当前刺激条件下对这个句子做出肯定或否定反应的行为倾向的总和。刺激是启动而非注入这种行为倾向的活动，尽管一种刺激偶尔也可能造成某种其他行为倾向的注入"（Quine，1960：34）。蒯因"把'刺激意义'看作一个语句在某一特定时刻对于某一特定说话者的意义"。"他认为意义是一种行为特性，包含在人们的行为倾向之中，而超出人们的公开行为倾向，就无法理解语言的意义"（涂纪亮，2003：324）。

以蒯因的例子予以说明：当一只兔子跑过，语言学家听到土著人喊"Gavagai"。当又一只兔子跑过时，语言学家马上尝试着询问土著人"Gavagai？"，以便通过对方的肯定或否定来验证"gavagai"和英语词"rabbit"（兔子）是不是具有同样的意义。这里所描述的，就是蒯因所设想的语言学家学习土著语时，最早可能碰到的情形。蒯因强调，"促使一个土著人做出肯定或否定回答的，是他受到的视觉刺激而不是兔子本身"。尽管兔子保持不变,"但由于角度不同,光线以及颜色的陪衬不一样,土著人所受到的刺激对于他做出肯定或否定回答的能力也会有所影响"(单继刚,2007:10)。刺激意义有肯定和否定之分。促使一个人同意一个句子的所有那些刺激的集合,被称为肯定的刺激意义(affirmative stimulus meaning);反之,则被称为否定的刺激意义(negative stimulus meaning)(Quine,1960:32)。对于两个表达式来说(如"bachelor"和"unmarried man"),一个人在任何情况下受相同刺激激发,都会对它们表示同意或不同意,这就是刺激同义性(stimulus synonymy)或称刺激意义的同一性(sameness of stimulus meaning)(Quine,1960:46)。在这里,"rabbit"对语言学家的刺激意义与"gavagai"对土著人的刺激意义相等,因此,二者是刺激同义的。刺激意义具有当下性、情境性、私人性等特点,主要是针对场合句而言的。这就引出了我们的下一对概念:场合句与恒定句。

蒯因将场合句定义为"只有在当下刺激的激发下才能被肯定或否定的句子",即场合句的意义与当下场合或语境有关。而恒定句则与之相反,是指"一个说话者在未受当下刺激的情况下,当人们后来重新问起时,会重复原来的肯定或否定的句子"(Quine,1960:36)。如"一年有春夏秋冬四个季节"、"重庆是中国的第四个直辖市""3 + 2 = 5"等,就属于恒定句。作为一个经验主义者和行为主义者,蒯因真正感兴趣的是以下这一类的场合句:"天放晴了""这是一朵花""过来了一个单身汉/大学老师/局长……"它们的刺激意义是依赖于当下情境的,情境改变,对它们肯定或否定的刺激意义也相应地发生变化。场合句又分为观察句和非观察句。这里所给出的前两个场合句就是观察句,它们与当下的刺激联系比第三句更紧密,人们可以毫不犹豫地对它们做出肯定或否定的一致判断。然而,对第三个句子的判断,则除了当下的刺激以外,还需要借助背景知识或附随信息,因此它属于非观察句。蒯因特别关注观察句,因为观察句是语言学家学习土著语最先碰到的句子,用蒯因的话来说,儿童及田野语言学家"最初掌握的陈述句必然是观察句,并且常常是独词句"(Quine,1992:39)。

在日常语言交流中,观察句以及场合句只是其中的一部分,还存在着大量的恒定句和理论语句。因此,一个语言学家要建造他的翻译手册,就必须试着去理解和翻译这些理论语句。于是,"他把听到的句子分割成一些简短方便且反复出现的组成成分,并由此编纂一个土著语'词汇表'。他用英语中的不同的词或词组来试着翻译它们。这就是他的分析假设"(Quine,1960:68)。

所谓分析假设,指的是将句子的意义分配给组成这个句子的词语,然后再将它们翻译为母语的合理假设。由于语词的刺激意义是私有的,语言学家需要采用一种心理猜测的策略,这便是移情(empathy)。蒯因认为,移情无论是对于田野语言学家,还是儿童的语言学习来说,都是适用的。在儿童那里,是父母的移情,而在语言学家那里,则是他自己的移情。田野语言学家通过将自己投射到对方的情形中来理解他们的话语。对观察句来说,移情是可感知的(perceptual);对其他句子来说,则是推论性的或语法性的(inferential or grammatical)。移情成功的必要条件是:翻译者和被翻译者共享一个共同的行为核心(a common behavioral core)。蒯因说,"尽管我们对别人的知觉的生理或视觉机制可能一无所知,但是我们都有一种不可思议的技巧,可以把别人的感知情境移入进来。这一技巧与我们认出一些面孔却无法勾勒或描述它们的能力几乎不相上下"(Quine,1992:42-43)。由于这种移情或心理的猜测具有一定程度的任意性,这就对应了上述的互不相容的翻译手册,为蒯因的不确定性理论埋下了伏笔。

二 彻底翻译思想实验的过程假设

根据蒯因(Quine,1960:29-30)的设想,一个语言学家来到土著部落后,着手观察并记录当地人的语言表达。某一天,当他看见一只兔子跑过,在场的土著人大喊一声"Gavagai",他推测这个发音指的是"rabbit"(兔子),或"Lo, a rabbit"(瞧,一只兔子)。因为当下的刺激对于语言学家本人和对于在场的土著人是相同的,于是这个语言学家就按照英语的发音规则暂时记录下"gavagai"。等到合适的场合,即又有兔子跑过时,语言学家再对这一记录进行检验,并模仿土著人的发音,询问他们是否同意。当然,土著人同意或反对的表达,也是通过类似的过程而获得的。当兔子或其他东西出现时,语言学家尝试着询问"Gavagai?",土著人的回答有两种"Evet",或"Yok"。当回答"Evet"时,每次对应的均为兔子的出现,而"Yok"总是对应其他东西的出现时,语言学家便猜测"Evet"指的"是",而"Yok"表示"否"。如此反复试验,语言学家最后就可以确定土著人表示同意和反对的词语。当土著人对某一表达式总体上持肯定的态度时,语言学家便可以生成他自己的翻译手册,其中的"gavagai"对应于"rabbit"。

可以看出，这一阶段并没有涉及分析假设，但观察句成分的翻译不确定性恰恰就发生在这个环节。在蒯因（1992：51）看来，"作为观察句的'Gavagai'可以肯定地被翻译为'（Lo, a) rabbit'，但是这个翻译并不足以把'gavagai'的所指作为一个词固定下来"，因为"gavagai"的指称对象可能有：一个兔子、兔子身体的某个部位、某个年龄段的兔子、兔类、兔性，等等。借用蒯因的有趣类比，这是由于"场合句和刺激意义是通用货币，而词项和指称则是我们概念框架中的地方粮票"（Quine，1960：53）。也就是说，句子层次的刺激同义并不意味着作为词项指示了相同的事物。因此，词项与指称层面的不确定性，促使我们"从检测句子开始，去追寻清晰和实在的意义概念"。"一种语言中一个句子的意义就是它与它在另一语言中的译句所共享的"（Quine，1992：37）。这也是在彻底翻译的思想实验中，蒯因从句子翻译着手的一个重要因素。

如前所述，为了翻译理论句和建立翻译手册，语言学家要通过分析假设，"利用我们本国语言的动力来把我们抛入土著语言中，把奇异的新枝嫁接到常见的老树上去，直到这奇异的新枝也成为我们习见的东西"（Quine，1960：70）。语言学家在形成他的分析假设时，会将母语的概念框架投射到土著语中去，并直接受到母语语言习惯的影响，因此，分析假设具有以不同母语为背景的不确定性。进一步说，由于投射移情的心理猜测策略的个体差异性，这种分析假设的不确定性，也同时体现在具有相同母语的不同语言学家主体之间。

既然语句是意义的最小单位，而语词的意义是被分配的，因此，在句子这一微观的整体环境下，在意义总体一致的前提下，作为句子成分的单个语词的意义就是不确定的。换言之，分析假设只能在以句子为意义单位的情况下，根据不同的语境或句子结构来对应不同的语词，这就存在着多种可能性和不确定性。无论如何，在追求句子或更大单位的语言层次上的整体确定性趋势下，部分或局部意义的不确定性并不构成障碍，而是被包容和允许的。

尽管存在着种种的不足，但蒯因通过彻底翻译这一特殊的和理想的思想实验提示了一个普遍的翻译理论的哲学问题，并为探索现实的语言理解、翻译和交流实践提供了启发性的新思路。

第二节　行为主义意义理论

行为主义（Behaviorism）是20世纪初起源于美国的一个心理学流派，它主张心理学应该研究可以被观察和直接测量的行为，而反对研究没有科学根据的所谓意识。蒯因接受了这种理论，他用其来考察语言，并"根据行为主义的刺激－反应模式，阐述了他的语言意义理论。他指出，人们在面对感觉证据的情况下，是通过咨询－同意－反对的语言模式，来习得语言和理解意义的"（陈波，1996：31）。他认为，语言是一种社会的、主体间公共可观察的活动，意义则是这种语言活动的特性，因此必须根据行为标准来阐明，并且只有在行为基础上才能习得。除了人的行为和外在倾向，我们没有其他办法去核实语言的意义。以蒯因的观点来看，"行为主义意义观是强制性的，因为在心理学中，一个人可能是或不是行为主义者，但在语言学中却别无选择"。"除了能依据从可观察情境中的外部行为探明的东西以外,语言意义中再没有其他任何东西"(Quine,1992,37-38)。

一 行为主义意义理论的基础:观察句

对于行为主义意义理论来说,观察句是基础,是通向语言的入口,因为"我们每一个人都是通过观察他人的言语行为,并使自己尝试性的言语行为被他人所观察,借以得到他人的首肯或订正这一过程来学会自己的语言的"(Quine,1992:38)。

上一小节已经提到,观察句是语言学家及儿童学习语言最先碰到的句子,是与当下刺激联系最为紧密的,人们仅凭当下刺激就能毫不犹豫地对句子的刺激意义做出肯定或否定的一致判断。从这一概念中,我们可以推断出,观察句的核心有三点:感官刺激、公共可观察、语言与世界的联系点。

首先,观察句是我们语言学习最初始的积累,它最强烈地依赖于我们当下伴随的感觉刺激而非背景知识。"当以特定的方式刺激说话者的感官时,他始终同意这个语句;而当以另外的方式刺激时,他会始终反对它"。"正是在这个意义上,观察句与感官刺激的关系最为直接"(Quine,1981:25)。

其次,观察句是公共可观察的,是语言共同体在一个特定场合见证的、几乎所有成员都对它们的真值有相同回答的句子。"在习得语言时,关于说什么和何时说,我们必须完全依赖于主体间可资利用的提醒物。因此,我们只能根据人们对社会可观察刺激的明显反应倾向去核实语言的意义,除此之外,毫无他法"(Quine,1960:ix)。"语言是由社会灌输和控制的,这种灌输和控制严格依赖于把句子与共享的刺激相关联。只要不妨害将语言与外在刺激相关联,内在因素可以随意变化而无损于交际"(Quine,1969:81)。

最后,观察句是语言与世界的联系点。它处于我们知识网络的边缘,与经验世界的联系最为紧密,是连接语言、知识与世界的桥梁。这种桥梁作用表现在三个方面:(1) 观察句是各专门科学的经验基础;(2) 观察句是正确翻译的边界条件之一;(3) 观察句是从前语言学习向语言学习过渡的一种教育学基础(施太格缪勒,1986:271)。因此,用蒯因(Quine,1992:5)的话来说,"观察句以两种方式起作用——作为科学证据的媒介和作为通向语言的入口处——这一点丝毫也不值得惊奇。确实,无论是对于科学用语还是日常用语来说,观察句都是语言和语言所关联的实在世界之间的联系点"。

蒯因强调指出,"观察句的真直接与经验相联系,而其他句子则从它们与观察句的联系,从其相互的逻辑关系中得出其经验内容,产生出来的理念的真只依赖于它如何有效地用来解释或预测真观察句"(唐纳德·戴维森,2007a:45)。由于语言交流中大量的语句是非观察句,但对非观察句的理解和交流远非行为主义刺激意义观所能解决的,所以就必须通过语义上行(semantic ascent),即讨论双方都在对象(即语词)以及关于它们的主要用语上达成了一致,进而从以语词进行谈论上升到谈论语词本身(Quine,1960:270)。

二 翻译实验中的行为主义因素

在蒯因的"彻底翻译"思想实验中,处处体现着行为主义的意义观。在他看来,语言意义从根本上说是一种刺激意义,

第一章 从彻底翻译到翻译不确定性

是一个句子相对于一个特定的说话者在特定时刻的意义,它要解决的是有了什么样的感官刺激才肯定该语句,以及有了什么样的感官刺激才否定该语句这一问题。由于意义是基于物理刺激的,说意义相同就是对同样的刺激,反应相同,即刺激意义相同。按此,对一个句子的全部刺激意义进行比较便可以为彻底翻译提供证据。

如上所说,蒯因假设的彻底翻译指的是对迄今为止从未接触过的某种语言的翻译。这里的翻译没有任何预先存在的翻译手册可供依托。因此,翻译便不能从语词开始(以语词对语词),而只能从与语言刺激条件相联系的句子(即场合句)开始,把听到的语句与看到的言语刺激联系起来。然后,通过询问的方式,观察说话者的言语行为倾向,逐渐了解这种语言,建立与我们的母语语词的对应关系,从而编纂一部适用的翻译手册。现在假设有两个独立工作的语言学家分别去了一个部落,并各自完成了翻译手册。我们没有理由期待这两部手册会完全相同,两个手册中肯定存在某些彼此冲突、互不相容的部分,但两本手册的翻译可能都是真的。原因在于:具有相同刺激条件的语词或句子,可能有不同的意义,甚至不同的指称。如看见一只兔子跑过,土著人说"gavagai",这时"gavagai"具有指称的不确定性,它可能指称的是一个兔子、兔子身体的某个部位、某个年龄阶段的兔子(如幼兔或老兔)、兔类、兔性,如此等等。因此,"gavagai"具有意义的不确定性,因为蒯因拒斥意义实体,而强调意义是行为的属性,或者说只有刺激意义。但是,刺激意义是随语境而变化的,只要符合刺激意义,任何手册都是合适的。所以,翻译具有不确定性。

行为主义意义理论虽有它的合理之处，但也存在不足。行为主义意义理论强调公共可观察的标准，但是它却无法建立意义的公共性。因为观察是相对于某个有限的共同体，在获得刺激意义的刺激－反应过程中的人是有主体差异性的，包括个人的知识背景、心理因素、情感因素等；同时，语言这门社交的艺术在实际的社会交际过程中，也会面临种种复杂的外部环境。"所有这些情况都使得一个语言使用的主体不能在某个刺激和某个句子的某种意义之间建立有效的关联"。比如说，"由于某种原因，对方拒不承认分享的刺激意义，这样，观察句独特的真实性就会变得模糊不清"（单继刚，2007：201）。另外，语言符号的意义是通过一种规范来联系的，有对错之分，而刺激－反应则是一种因果关系，无所谓对错，也无规范可言。因此，"预见某种行为是否出现将无法取代对符号使用是否得当或正确所进行的判断"（方兴，2010：13－14）。

第三节　翻译不确定性论题

持行为主义意义观的蒯因通过彻底翻译的思想实验，提出了翻译不确定性论题，本节将从论题背景、立论根据和论证思路三个方面对这一论题进行阐述。

一　翻译不确定性的论题背景

作为二十世纪意义怀疑论的代表人物，蒯因提出"翻译不确定性"论题是为了批判传统的意义理论，从日常语言和物理主义的角度谈意义，并为自己的行为主义辩护。"翻译不确定性"论题的提出,体现了蒯因以整体论立场和行为主义解释模式所支撑的新经验主义和实用主义思想。

(一) 对传统意义观的批驳

传统的意义指称论(the referential theory of meaning)主张一个语词的意义就是它所指称的事物;语词有没有意义,就看是否有与之相符合的事物。与之相反,蒯因认为,一个语词的意义并不在于把它与其所指称的事物等同起来,他坚决反对一个语词必定指称一个东西的观点。他还列举出像"sake"(缘故)、"behalf"(利益)和"dint"(凭借)这样的词,在直观上既不命名个别的事物,也不命名事物的类别,甚至不命名非实存的"事物"或者像性质这样的抽象事项(Quine,1960:4)。

以洛克为代表的传统的意义观念论(the ideational theory of meaning)认为,语言表达式的意义就是人的头脑中的某个观念。"根据这种观点,符号串或声音串有意义是指,这个串表达或者在某种程度上有意义地对应于说话者所处的一种有内容的精神状态、一种观念、一个映像,或可能是一种思想,或是一种信念"(Lycan,2008:66)。蒯因也反对这种意义的观念论,认为要改善对普通物理事物的日常言谈,就需要去掉观念上的"理解"、"实在"和"证据"等关键词的指谓(Quine,1960:3)。

蒯因讥讽意义实体论观点是一种"博物馆神话"(Quine,1969:19、27)。也就是说,在观念的博物馆中,意义与语词的关系类似于展品与标签的关系,意义就像是展品,语词就像是标签,因而转换语言就像是改变标签。标签是可以调换的,但标签的任何变化都不会影响到所指称的对象。这实际上是将语词和意义孤立起来看待。蒯因强调指出,必须放弃意义的实体论，而采用行为主义的研究方式，除此之外别无选择，因为"那些作为心理实体典型的所谓意义，正如行为主义者磨坊里的谷物，最终被碾碎完蛋了"（Quine，1969：26）。

蒯因把对传统意义理论批判的重点放在了逻辑经验主义上。逻辑经验主义的意义证实论（verificaiton theory of meaning）认为，一个句子的意义在于证实它的方法。它把整个科学分解为一个个孤立的陈述，又把这些陈述还原为关于直接经验的报道，以此来考察其经验意义。在蒯因看来，逻辑经验主义的意义理论业已成为"意义""同义性"等内涵概念最大的避难所。蒯因通过考察发现，人们所提供的种种同义性（以及分析性）的标准都是不成立的，包含着逻辑循环，于是他就先对同义性标准及意义证实论进行了批判。他对同义性标准的批判是从定义、保全真值的可替换性及语义规则三个方面进行的（Quine，1953、1960）。蒯因认为，人们用定义来说明同义性的努力是不成功的，因不是定义揭示了同义性，而是定义预设了同义性。他认为定义是词典编撰人对观察到的同义性的报道，当然不能作为同义性的根据。同样，用保全真值的可替换性来说明同义性也是行不通的，因为在他看来，保真替换确实也是以预设同义性作为根据的。此外，蒯因认为，在有"语义规则"的人工语言中，仍然不能解决这个问题，因为这无异于将同义性看成是一种约定罢了。蒯因认为意义证实论犯了根本的方向性错误。在纽拉特（O. Neurath）相关思想的影响下，蒯因提出了自己的整体论（holism）思想，并成为他批判意义证实论的重要武器，也是他论证翻译不确定性观点的论据之一。正如蒯因本人所说：

第一章 从彻底翻译到翻译不确定性

如果我们像皮尔斯（C. S. Peirce）一样，承认语句的意义纯粹取决于把什么看作它为真的证据，并像迪昂（P. Duhem）那样，承认理论语句不是作为单个句子，而是作为一个较大的理论整体才有自己的证据，那么，理论语句的翻译不确定性就是一个自然的结论。（Quine, 1969: 80 - 81）

与传统的意义理论不同，蒯因的行为主义观点认为，意义是行为的属性。在内含于人们的外部行为倾向之外，既不存在意义，也不存在意义的相似或差别。他根据实用主义的思想，将语词的意义完全限定在语言的使用范围内。据此，语词并非用来指称事物，而是为了交流，实现人们的交流目的。

（二）对格赖斯、斯特劳森及卡尔纳普的直接回应

继蒯因在《经验论的两个教条》（Two Dogmas of Empiricism）（Quine, 1951）一文中阐明了他拒斥分析陈述与综合陈述之分、反对传统"意义"和"同义性"概念的观点后，格赖斯（H. P. Grice）和斯特劳森（P. F. Strawson）于1956年发表了论文《捍卫一个教条》（In Defense of a Dogma）。他们认为蒯因对分析与综合这一区分的批评包括区分的含糊、无用及解释不清等因素，但这些批评不足以作为否认该区分存在的理由。蒯因将"分析"（analyticity）这一概念解释为"认知同义"（cognitive synonymy 或 sameness of cognitive meaning），即 X 和 Y 是认知同义的，就等同于我们说的 X 和 Y 具有相同的意义。但是，格赖斯和斯特劳森指出，如果否认分析与综合的区分，就会推导出"具有相同意义"和"不具有相同意义"是等同的

这一明显错误的结论。蒯因否认同义性,也就否认了所有语言表达式的意义,这显然是荒谬的。也许的确有一些命题难以用分析/综合来界定,但这当然不表明分析/综合是个错误的或无意义的区别。

卡尔纳普在其《自然语言中的意义与同义性》(Meaning and Synonymy in Natural Languages)(Carnap, 1955)一文及《意义与必然性》(Meaning and Necessity)(Carnap, 1956)一书中为同义性进行辩护。他认为蒯因是从语用学(pragmatics)的角度,而不是从语义学(semantics)的角度来解释意义的。以卡尔纳普看来,蒯因拒斥分析/综合区分时,"没有考虑到纯语义学中定义这一概念的形式正确性,而只考虑了是否存在清晰有用的,并可作为解释的相应的语用概念"。卡尔纳普着重指出,"一个语义概念,没有必要为了有用性而必须拥有一个先在的语用对等物,因为有用性可以在将这一概念应用于语言系统的进一步发展中体现出来"(Carnap, 1955: 35)。他以"内涵同构"(intensional isomorphism)来定义同义性,并引用刘易斯(D. Lewis)的解释来阐明他的观点:"如果我们说,两个表达式是同义的(synonymous)或意义相同的(equipollent)——也就是说,(1) 如果它们具有相同的内涵,而且该内涵既非为零也非普遍,或者 (2) 如果在其内涵为零或普遍的情况下,这两个表达式在分析意义上是等价的(equivalent in analytic meaning)——那么我们将获得一种恰当性用法。"(Carnap, 1956: 61)

针对上述反驳,蒯因在《语词和对象》中对以上三人的批判进行回应。蒯因在本书中提到,"哲学力求将事物阐释得更加清楚,就其目的和方法的要点而言,应无异于科学"(Quine,1960:3-4)。因此,哲学与科学没有本质区别,只有程度之别。这是他新经验主义的思想体现。他重塑"经验"和"意义",以"观察语句"和"刺激意义"等概念来展示他的物理主义和行为主义思想。最后,基于行为主义的彻底翻译思想实验、整体主义以及实用主义的意义观,蒯因提出了翻译不确定性论题。

二 翻译不确定性的立论根据

总体上看,蒯因翻译不确定性论题的立论根据是:以行为主义、整体主义、实用主义和新经验主义为基础的意义理论。我们已知,根据行为主义,蒯因提出了彻底翻译的思想实验,从而引出翻译不确定性论题。现在我们又知道,蒯因的整体主义和实用主义立场均支持其意义不确定性的观点,而且,由于蒯因的新经验主义思想是以整体论立场和行为主义的解释模式为特征的,所以这同样是对意义不确定性及翻译不确定性论点的支持。

关于蒯因的行为主义意义论,我们在本章第二节部分已详细进行了阐述。在此,我们再来看看蒯因对传统旧经验主义的不满。他认为传统观点是不彻底的经验主义,因为它的两个教条乃是非经验主义的病毒。关于第一个教条,即分析-综合的区分,传统经验主义认为分析命题的真理性无关乎任何经验,这在蒯因看来是完全错误的。如上所述,蒯因认为传统经验主义所持有的同义性观点并不成立,因为所谓"分析命题"和"综合命题"最终都是以经验为基础的。如果一定要坚持有"分析命题",那也仅限于逻辑的部分,但根据整体论的原则,逻辑在根本意义上也是可以依据经验来修改的。

传统经验主义的另一个教条是还原论（reductionism）。还原论相信，"每一个有意义的陈述都等值于某种以指称直接经验的名词为基础的逻辑构造"（Quine，1953：20）。蒯因认为，这是西方整个近代乃至古代都信奉的基础主义的一种典型版本。持有经验主义立场的基础主义，主张全部理论陈述均可还原为经验的观察陈述来表达，认为我们的思想和知识有一个像地基一样的牢固基础。在近代经验主义和唯理论那里，基础主义的观点演变为：人们的一切思想、知识、行为全部应该有一个检测的基础，这个基础对经验主义来说就是经验，对唯理论来说则是理性。蒯因不要基础主义，只要经验主义。他认为根本就没有脱离我们的知识框架而又具有客观性保证的认识论基础，因为每一个经验都是相互联系的，是在整体中相互检测的。这就是蒯因基于整体论的新经验主义立场，在他眼中这是彻底的、健全的、最好的经验主义。

蒯因认为健全的经验论的主要信条有两个："第一个是，科学的一切证据都是感觉证据；另一个是，对词语意义的一切传授都必须最终依赖于感觉证据。"（Quine，1969：75）证据是直接公共可观察的，所有的证据都在经验上，语言对应着一套客观可测量的证据。因此，他坚决主张翻译要根据刺激引起的言语反应的证据来选择语句的意义。现在，经过改造的经验论赖以支撑的刺激意义具有如下特征：一方面，每个句子依据刺激意义而具有公共可检测性；另一方面，每个句子却又得益于特定的整体性理论框架（Quine，1960：34 - 35）。因此，谈一个个别陈述的经验内容——尤其如果它是离开这个经验周围很遥

第一章　从彻底翻译到翻译不确定性

远的一个陈述——便是引入歧途的。在任何情况下，任何陈述都可被决定是真的，只要我们在理论系统的其他部分做出足够剧烈的调整（Quine，1953）。于是，蒯因认为，句子的意义受相互之间及不同语境的影响。一个句子在整体当中关系不同，意义也不同。同一个句子放入不同的整体中，意义也不同。语词的意义具有不确定性，离开了整体，离开了与其他事物的关系，意义也不确定。每个词放在不同的语言框架和不同的语境当中，就会具有不同的意义。因此，意义并非实体，而是指关系、恰当的位置，以及在功能系统中发挥的作用。

以上论述表明，蒯因的新经验主义是以行为主义和整体论为支撑的。但是，这两种意义理论都存在局限性。行为主义意义理论的局限性在上一小节已经论述。而整体主义意义理论的不够完善之处在于，"如果不能确定语句整体的言语行为倾向，又怎能分配词语和单个句子的意义呢？"（单继刚，2007：201）

在蒯因（Quine，1992）那里，实用主义是对前面两个意义理论的补充和完善。大意如下：语词或句子的意义是什么，取决于人们实际使用它们时所产生的效果。如果人们能够运用这些语词或句子进行流利的对话和有效的沟通，那么它们的意义就是双方所共同认可的那种意义。反之，如果交流出现障碍，那么这些语词或句子对于两个说话者就具有不同的意义。由此可见，实用主义似乎具有以下优点：可以通过交际的效果，如交流的顺利度，来确定语词和句子的刺激意义，判明两种不同的翻译是否都与源语言的总体的言语行为倾向相吻合。正如蒯因所说，"交际的成功要看交谈是否顺利，是否可以预见言语和非言语的反应，以及原住民的表示是否一致和合理"，而"绝对真实的仅仅是这本或那本翻译手册帮助人们达到的交谈的顺利流畅和谈判的卓有成效"(Quine,1992：43)。前面提到，在分析假设的移情过程中，心理猜测具有任意性，但猜测本身具有指导原则，这便是连续性。因此，交流的连续性和顺畅度是分析假设过程中心理猜测的约束措施，以成功的交谈和流畅的对话作为猜测正确与否的准则。话语流畅，交际成功，则继续翻译手册的编撰。但是，如果土著人做出的反应是迷惑不解或毫不相干，那么这就说明翻译手册出了问题，需要重新假设与猜测(Quine,1992：46-47)。蒯因据此认为，关于语言的意义，并不存在所谓"事实问题"。依靠交际的具体情境来决定意义表达式的意义，其意义当然就具有不确定性。

由于不存在关于意义的事实问题，所以翻译的正确与否也存在不确定性。但是，翻译毕竟是可能的，不同的翻译手册之间存在着差异，总有好坏与优劣之分。这种好坏优劣的鉴别标准，从实用主义的角度来看便是语言交流的顺畅度。一个翻译手册在一定的环境下使交流进行得更顺畅，那么这个手册便是好的、优秀的；反之则是差的、劣质的。以这样的标准来看，在"彻底翻译"思想实验中，"gavagai"的意义究竟是什么，它指称的对象究竟是什么，都取决于人们在特定语境中使用这一语词进行交流时的连续性和顺畅程度。

蒯因比喻说："一片森林为观察空降目标的飞机驾驶员提供了鲜明的界限，却不为地面的人提供鲜明的界限；一片墨迹在肉眼看来有明确的轮廓，但是在放大镜下看却没有明显的轮廓"(Quine,1992：68)。所以，从不同角度来看，理解和误解都是相对而言的，判断理解与误解的标准没有绝对的确定性，而要以交流的顺利度来辨明。

在各种语言中，以交流顺畅和实用为目的而固定下来的表达为数不少。英语单词"kangaroo"一词最初是澳洲土著人表示不知道的意思，但被白人误解为当地动物袋鼠的名称，并由此沿用下来。实用主义意义论可以对"kangaroo"的误用给予合理的解释。在汉语中也有一个比较明显的例子："暴"字最初的读音有"pù"、"bào"和"bó"三种，"暴露"的读音为"pù lù"，读"bào"时根本没有"暴露"的意思。但因大家都习惯将"暴露"读作"bào lù"，在后来的现代汉语词典里，"暴露"的"暴"便只保留了"bào"这一种读音。同样的原因，"呆板"的"呆"发音由"ái"变为"dāi"，"叶公好龙"的"叶"由"shè"变为"yè"。这样的例子在英汉两种语言中还有很多，这说明了它们的有效性和有用性。但是，"实用主义取消了意义的根基，以效果作为判明意义的标准，以集体感受作为判明效果的标准，容易滑向极端主观主义"（单继刚，2007：204）。

三 翻译不确定性的论证思路

如上所述，蒯因在《经验主义的两个教条》一文中对传统意义理论，特别是其同义性的批判，展示了他重构新经验主义的必要性。蒯因认为，翻译绝不像卡尔纳普所认为的那样能够被十分明确地规定。为说明这一点，我们不能像卡尔纳普所做的那样，选择德语和英语这样两种语源如此相近的语言。它们不但有许多语言上和文化上的共同之处，而且还有一种共同的语言前史。正是为了搞清楚语言在多大程度上可根据其刺激条件来把握其意义,在多大程度上可以用纯经验的方式证明从一种语言译为另一种语言的问题,蒯因主张必须研究彻底翻译的情形。他认为"彻底翻译的不连续性是对我们所谓意义的检验,实际上是将意义及其语言体现相对照,否则会什么都找不到"(Quine,1960:76)。

正因如此,基于行为主义的意义观,蒯因做了一个彻底翻译的思想实验。如上所说,所谓彻底翻译,指的是对迄今为止从未接触过的某种语言的翻译。蒯因选择这样的语言,是为了考察在多大程度上翻译能够通过纯粹的观察和感觉经验而得以实现。因此,在彻底翻译的思想实验中,蒯因把语言的意义与刺激条件联系在一起,提出了基于刺激-反应模式的"刺激意义"。

具体说来,彻底翻译包括以下几个步骤:首先,当看到一只兔子跑过,田野语言学家听到土著人说"gavagai",于是记录下 gavagai——兔子(rabbit);第二步,语言学家根据所做的记录进行田野调查,问土著人是否同意这种说法,然后取是否同意的刺激意义。但是,这两个步骤中均存在着不确定性。在第一步中,"gavagai"可指兔子、兔性或兔子不可分割的一部分,这在相同的情景下都是可能的。而在第二步,土著人表示同意或不同意时,有可能是基于其他的非语言的原因。比如说,表示礼貌,不想让问话者失望,或迫于其他的压力,等等,因此也存在不确定性。接着进入第三步,建立手册,使两种语言相匹配。由于理论语句及语法结构框架无法通过直接的刺激反应模式获得,因此,要建立使两种语言相匹配的翻译手册,必须把语言学家自己的本族语言所具有的结构和框架知识强加或投射给土著语,造成元素同构。也就是说,用目标语中不同的语词或语言结构来试着翻译对象语。因为只有通过这样一种先在的语言习惯的直接投影,我们才能解决诸如直言命题的系词及客观指称机制等问题。这就是分析假设,也称投射或影射假说。正如蒯因本人所言,"分析假设最明显的一个特征便在于它超出了土著人言语行为倾向所蕴含的任何东西,它们提示了已经翻译的句子和其他句子的类似性,从而使翻译工作的限度超出了经验证据所能支撑的范围"(Quine,1960:71)。因此,分析假设使翻译从具体上升到抽象的高度,支撑语义关联,并使那些无法验证的翻译可以顺畅无碍地进行。分析假设的框架,再加上一些辅助性的补充假设,便可形成一部完整的翻译手册。假设以后,再进行检验。

由上可见,论证过程的三个步骤中,每一步后面都藏着意义的不确定性,特别是分析假设阶段。对于同一个土著场合句,两种不同的分析假设,"都可以通过有关其他惯用语的分析假设,作一些改动,而与整个句子的一切可能的翻译乃至与一切有关的说话者的一切言语倾向相一致"。"互相对立的分析假设系统有可能完美地吻合言语行为的整体,也可能吻合言语行为倾向的整体,而同时仍能对无数不受独立检查的句子的互不相容的翻译详细地一一说明"(Quine,1960:72)。也就是说,两套与所有言语行为倾向同样相符的分析假设,可能会给出相反的答案,翻译的不确定性由此而来。另外,从概念缺失的意义上说,翻译不确定性也是存在的。

第四节 传统翻译观面临的挑战

传统翻译观以"意义事实"为基础,承认"翻译手册"具有判断翻译是否达到"同义性"的标准。由于蒯因的翻译不确定性论题否认有"意义事实",批判传统的"同义性"概念,所以传统翻译观面临挑战。

一 以意义事实为基础的传统翻译观

传统的思维方式认为,语言是一个封闭的自成体系的系统,是人类认识世界的一件普通的工具,而翻译仅仅是语言与语言之间以意义事实和同义性为基础的封闭式的相互转换,因此具有确定性和规定性的特点。从中西翻译史来看,无论是圣经、佛经的翻译,还是科技与文学作品的引介,传统的翻译观都十分强调以意义事实为基础的翻译。"自西塞罗以来,西方翻译理论史便围绕着直译与意译、逐词译与自由译、忠实与不忠实、准确与不准确的问题,被一条绵延不绝的线贯穿起来"(谭载喜,2005:66)。18世纪法国翻译家勒图尔诺(Pierre le Tourneur)强调忠实原作,要完整地保留原作的精神实质,不赞成删改原文以迎合法国人崇尚典雅的口味。英国翻译理论家泰特勒(Tytler)的翻译三原则强调从不同角度对原文的忠实。19世纪英国的文学家和翻译家波斯盖特(J. P. Postgate)也提出了"忠实是衡量翻译成败的最高标准"。奈达(1964)的动态对等说中三个关键点"自然"、"切近"、"对等"也将"对等"视为核心,要求译者在不同的文本语言结构里尽可能完美地再现源语文本的旨意。因为内容始终是先于形式的,只顾形式而忽视内容,则体现不了客观性。另外一些西方翻译思想,如"逐词对译"、"为了忠实于原文,宁愿牺牲译文的易懂性"(维尔)、"忠实原文应是翻译的最高宗旨"(格里马尔德)、"翻译要不增、不减、不改"（梅齐利亚克）、"原作者是主人，译者是仆人"（巴特）、"等值"论（费道罗夫）等（谭载喜，2004）无不体现着传统翻译观以意义事实为基础的规定性与准确性观点。中国的翻译从支谦的"因循本旨，不加文饰"、道安的"案本而传""五失本三不易"及鸠摩罗什的"依实出华"，到严复的"信达雅"（1896）、傅雷的"神似"（1951）、钱锺书的"化境"（1964）说，等等，都是围绕客观存在着的意义事实而确定翻译的标准。

中国与西方传统翻译观将"信"或"准确"放在翻译标准的首位，在强调客观性的同时，却很少考虑主体的多样性，也很少考虑语境因素对语言意义的影响，而是根据语义的同义性标准，片面强调原文意义的唯一正确性。传统的翻译观认为，翻译是以两种语言中词的一一对应为起点，再到短语、句子、段落及语篇的方法和过程。这是一个自下而上的过程，一切以意义事实为基础，多考虑局部的对应，认为意义决定于局部的词与句，因此翻译的对象和基本单位就是词与句，翻译的对等概念也是建立在词句层面。

二　翻译不确定性对传统翻译观的挑战

如上所述，蒯因的翻译不确定性论题否认有"意义事实"，批判传统的"同义性"概念，所以传统翻译观面临挑战。蒯因对意义事实的挑战集中体现在其整体论思想上，而他对同义性的挑战则导出了注重语境的观念。

由上可见，从蒯因彻底翻译的思想实验到翻译不确定性论题提出的整个过程，都是基于行为主义的，它否认意义事实，只认可行为主义的刺激意义。这种对意义事实的挑战，反映在翻译过程中，就是否定传统翻译自下而上的过程具有合理性，否定意义决定于局部的词与句的观点，否定翻译的对等概念建立在词句层面的观点。相反，翻译不确定性论题强调整体的观念，反对意义事实。因此，根据这一思想，意义是由整个语篇、语境及语言的整体结构来体现的，而翻译的对等观念也是建立在语篇、情景语境和社会文化交际层面上的（武锐，2010：77）。于是，翻译的对象和基本单位是语篇，而语篇的理解是基于语境的。这样，可以说，翻译由传统的静态分析发展到了动态理解的新阶段。一个单词、一句表达可能具有多种可能的意义，意义是不确定的。但在一个篇章中，在特定的语境下，也就是在整体考虑的情况下，意义是能够确定的。也就是说，人们能够通过语境的帮助而完成对语篇整体的理解。

传统翻译观依据的标准是语词的同义性，它决定了翻译只局限于语言内部。翻译不确定性论题批判传统的同义性概念，就是指翻译不能只考虑语言内部因素，而要将整个翻译过程与语言外的因素相结合，强调情景语境和文化语境。同样，翻译的标准也是置身于语境之中，因为任何语篇都是语境的产物。语境的特点及其与语篇的相互关系如下：

> 语境制约着语言的表达方式，影响着言语传递的信息。语境还是不断变化运动的。交际双方在各自的社会心理机制下选择相应的语言交际表达方式，从而能动地创造语境，语境与语篇处于一个互为影响的动态中。交际过程语境始终是一个变量。语境的各种构成要素共同决定语篇存在的

形式，语篇反过来又对语境提示，传递新的语境信息。（武锐，2010：77）

可以说语境先于语篇的存在，特定的语境要求特定的语篇，而特定的语篇又形成了特定的语境。在翻译过程中，意义的最终决定因素往往不是语言本身，而是语境，因为同样一个语言表达单位，在不同的语境中可能意义完全不同。

翻译过程是译者还原作者创作原语篇语境的过程。译者首先要对原语进行语言层面的理解，再体会原语创作过程中作者的心态并推测原文语境，看原作者是如何通过语言形式来体现意义、意图及交际目的的。意义通过语言的及非语言的形式，如语音、语调、语气、音高及身体语言等体现出来。这种非语言形式特别体现在口译过程中，同一句言语表达，语气不同，意义可以截然相反。由于传统翻译观以同义性为依据，忽略语境对意义的巨大影响力，甚至决定性因素，因此注定是要失败的。

第二章

蒯因论翻译不确定性

本书已经提及，蒯因论翻译不确定性的三点理由是：指称的不可测知性、证据对理论的非充分决定性和本体论相对性。现在必须注意，这三个论点各自预设了不同的主题（Quine, 1993：1）。首先，指称的不可测知性类似于翻译的弱不确定性，它预设的主题是语词的物化（reification），即语词与世界的关系。其次，证据对理论的非充分决定性类似于翻译的强不确定性，它预设的主题是其由感觉证据赋予的经验内容（empirical content）。最后，本体论相对性预设了本体论的承诺（ontological commitment）：我们关于世界的言说均是基于不同的语言系统，因而是相对于语言系统的概念框架的，没有脱离语言系统的概念框架体系，所以我们对于客观世界的认识具有相对性。

既然翻译具有不确定性，那么我们是怎么能够相互交流和理解的呢？语言意义又是如何可能的呢？于是，由以上三种不确定性引出了与传统的意义证实论截然不同的观点——蒯因的整体主义意义理论，该理论认为不能一一对应的语词的意义是在整体论框架下进行分配的。

第一节 基于指称的不可测知性的论证

上文已提到，指称的不可测知性类似于一种弱意义上的翻译不确定性，它预设的是语词的物化。所谓物化，乃是基于这样一种事实："人类及同族哺乳动物对周围事物均有一种敏锐的感觉，这种感觉是通过相互关联的触觉或嗅觉刺激，增强我们的视域范围内突显的、完整的片断及清晰的边缘而获得的，并且多半还会随着时间的推移而逐渐失真。"对于这一事实，蒯因称之为"物化之根"（the root of reification）（Quine，1993：6-7）。

一 语言学习四个阶段中的指称的不可测知性

参照相关的现代语言习得理论，蒯因（Quine，1960：108-109）认为，田野语言学家和儿童学习语言的过程，可分为四个阶段：在第一阶段，主要是学习像"mama"和"water"这样的场合句中的语词，学习方法是通过实指法；第二阶段是学习普遍词项和指示性的单独词，针对这一阶段的场合句，如果"mama"和"water"是作为一个普遍词项被用在句子中，就存在指称的分离问题；第三阶段产生复合普遍词项，是由一个普遍词项修饰其他普遍词项而构成的；最后，当我们将关系词应用于单独词项或普遍词项，从而形成新的普遍词项时，便开始了第四阶段的学习。

在第一阶段的语言学习过程中，蒯因（Quine，1993：6）是这样论证指称的不可测知性的：当一只兔子跑过时，土著人说"Gavagai!"，田野语言学家将它记录下来。作为一个观察句，语言学家可以足够肯定地将"Gavagai"翻译成句子"（瞧，一只）兔子！"［(Lo, a) rabbit］。但是，作为一个词项，"gavagai"却是不可理解的，或不可测知的。简言之，将"Gavagai"翻译为"（瞧，一只）兔子"，不足以将"gavagai"作为一个词项的指称固定下来。换句话说，田野语言学家将"gavagai"用于指称"兔子"，与指称"兔子的时间段"（rabbit stage）或"兔子的部分"（unattached rabbit parts），将会得到基于行为主义意义标准的同样的证据支持，但这些指称之间却是互不相容的。

蒯因指出，对于第二至第四阶段的语言学习过程，单凭实指法是远远不够的。他认为，语言学家只有将自己母语的结构框架投射到土著语言中，猜测性地试着将自己母语中的普遍词项、指示单独词、复合普遍词项以及带有关系词的普遍词项对应于土著语，并通过提问、看反应，凭借刺激－反应模式获得初步的结论，再应用并求证，最后记录于翻译手册中。在蒯因看来，这一分析假设的整个过程无不意味着指称的不可测知性。首先，语言学家的猜测性语词对应，隐藏着将自己的知识背景强加于土著人。在我们未完全清楚土著人的语言背景框架的情况之下，这样做实际上是给对象语打上了目的语的烙印，因此这样的对应只能是一种粗略和表面的，并未揭示对象语词的实际意义和指称，指称当然具有不可测知性。很明显的一个例子就是，具有本土特征的语言手段具有不可译性。蒯因说，"在英语中，当我们要判定一个词是否指单个对象或其某一特定部分时，我们借助于冠词、系词和复数形式这样一些带有本土特征的语言手段，但这些东西是不能被翻译成其他语言的"（Quine, 1960:80）。例如，英语的复数形式在汉语中就找不到对应的形式，因此，由复数形式所传达的语言信息在英译汉的翻译过程就有可能丢失掉。对于土著语言的翻译也同样如此。其次，在征询得到土著人的同意和不同意的刺激-反应模式中，由于语境因素和附随信息的影响，也可能造成指称的不可测知性。最后，土著人的个体差异，如出于礼貌、个人意志或其他种种原因，均可以解释指称的不可测知性。

二 指称本身的异常多变与指称的不可测知性

从指称本身的异常多变（vagaries of reference）来看，模糊性（vagueness）、歧义性（ambiguity）和不透明性（opacity）均预示着指称的不可测知性（Quine, 1960, 1993）。

对于模糊性，蒯因这样说道（Quine, 1960:125）："一个模糊词的不明不暗的对象，就是这样一些对象，它们与人们对之做出的语言反应一直得到奖励的那些对象不太相似。或者说，因为这个学习过程是一个个体对社会语言用法进行的一种隐含的归纳"，所以所涉语词的意义往往具有模糊性。按照这样的理解，在彻底翻译思想实验中，田野语言学家最终记录在翻译手册上的语词，与他进行反复确证询问的土著人使用的语词对象不完全相似，或者说，语言学家记录的语词是他对土著语言用法进行的一种隐含的归纳。

关于单独词项和普遍词项的模糊性，蒯因论证道（Quine，1960：126）："为一个物理对象命名的单独词项之模糊性，在于其对象在时空界限上的不确定，而普遍词项的模糊性则在于其外延可宽可窄而不确定。"后者通常会有两种情况："一是其所有对象的界限都不清楚，二是处于边缘的对象是包括在其外延之内还是排除在外也不清楚。"比如说，秃头悖论和关于山的界定：究竟要掉了多少头发才算是秃头？占地多少以及多高的山丘才算是山？蒯因强调，这种模糊性的最终裁决者是不同的语言使用共同体。在同一语言的交流中，说者与听者可能来自不同的小的语言共同体，因而模糊性的出现是完全可能的。进一步说，两种不同的语言使用者可能具有完全不同的历史文化背景和知识框架，这种模糊性就显得更为突出，因此，指称的不可测知性将会更为明显。

蒯因对歧义性的定义如下："如果一个词同时适合于又不适合于同一事物，那么它就是歧义的。"（Quine，1960：130）据此，对于歧义性的理解，我们就只能根据语境来判断。这个语境或大或小，可能只是一个短语或句子，也可能是整篇文章，甚至可能是文章以外的社会文化背景。因此，对于具有这种歧义性的对象语语词，在翻译中就难以找到与之完全对应的目标语语词。此外，除了语词范围的歧义性之外，还有句法和范围方面的歧义性。总而言之，在翻译中，歧义性成为指称不可测知性的另一重要原因。

在引语和信念句中，指称具有不透明性，也就是用同指词进行替换会改变句子的真值。我们用蒯因所举的一个例子来说明这一点（Quine，1960：142）：

例 1

"Tully was a Roman" is trochaic. ("图利是个罗马人"是扬抑格。)

按照同一性的可替换性原则,我们用"Cicero"来代替"Tully"得到的句子为假。另一种可能不透明的结构是信念句,形如"A believes that p"。

例 2

托马斯相信鲁迅写了《阿Q正传》。

但是,如果托马斯并不知道鲁迅就是周树人,那么他就可能会非常明确地否认"周树人写了《阿Q正传》"。我们也许在承认例 2 的同时,又得否认托马斯相信周树人写了《阿Q正传》。这样,在例 2 中"鲁迅"便不是纯指称性的。但如果孤立地看"鲁迅"在"鲁迅写了《阿Q正传》"这个从句中的位置,那么它就是纯指称性的。因此,信念结构往往会造成指称的不透明性,进而引起指称的不可测知性。

三 语言的特异性与指称的不可测知性

蒯因还通过语言的特异性(regimentation)进一步解释指称的不可测知性,他以汉语和日语的量词为例来说明这个问题(Quine, 1969: 37)。在汉语中"5 头牛"(日语"5 匹牛")相当于英语的"5 oxen",不同之处在于,它是由三个语言单位组成的。第一个是中性的数字"5",第二个语言单位是表示动物类型的量词，最后一部分可以说是相当于英语中"牛"的单数形式"ox"。一方面，数词与量词共同组成牛这一类动物的数量词，并修饰牛（ox），因此，便构成"5头牛"或"5匹牛"（5 oxen）。另一方面，汉语/日语的第三个语言单位等值于英语的集合词（mass term）"cattle"，而非个体词（individuative term）"ox"。这样，量词与集合词结合而产生了复合个体词（composite individuative term），等值于英语的"head of cattle"。中性的数词直接用于词组中。问题的关键在于：在此，汉语/日语中的第三个语言单位"牛"，可以被当作集合词指所有的牛类，也可被当作个体词指单个的牛，这种差异是巨大的。但当这个三字词作为一个整体来看时，却无多大影响，原因在于第二个语言单位，即量词的代偿差异。因此，蒯因总结说：一个词即使作为指称项，对于有意义的翻译来说却太短。从"5头牛"的例子来看，由于指称的不可测知性，翻译只能在一个更大的整体中进行，因为词项的不可测知性并不总是伴随句子翻译的不确定性。

指称的不可测知性不仅表现在母语同外语之间的翻译中，也表现在母语内部，即同一种语言内部交流的指称的不可测知性。这是因为我们不能相信母语的表面价值，不能选择同一变型（identity transformation）作为理解/翻译手册。在母语的日常交流中，我们常常遇到这样的情况，交谈的一方不明白对方所指称的究竟是什么，在将一方的语言转换/翻译成另一方的语言时我们无所适从。说某人对某个对象的谈论，只不过是说我们怎样设法将他的语言转换/翻译成我们的而已。但我们在变换语言表达式的代替函项（proxy function）时是自由的，也就是说，

第二章　蒯因论翻译不确定性

我们可以选择不同的代替函项来重新解释语言的某一表达式，而这种自由选择即意味着某种程度的不确定性。

说来有趣，蒯因曾用船只来比喻语言。他说，

> 如果我们停留在自身语言的甲板上而并不摇动船只，一切将会顺畅，"rabbit"就是指兔子，而不存在"兔子是何种意义上的'兔子'？"这样的问题。但如果摇动船只，也就是打算重新绘制语言本身的图景，或者说要对语言进行翻译，那么指称就具有不可测知性。（Quine，1981：20）

实际情况是，船只在航行中必定会有摇动，人们在社会生活中也一定会有语际间的交流，因此，指称的不可测知性便不可避免。蒯因还说，"我们可以转换我们的本体论而不对证据有猛烈的冲击，这样做我们就从我们的基本粒子转向了代替项，进而重新诠释我们关于什么叫做事实的标准"（Quine，1981：23）。

第二节　基于证据对理论非充分决定性的论证

如上所说，证据对理论的非充分决定性类似于一种较强意义上的翻译不确定性，它预设的主题是其由感觉证据赋予的经验内容。面对同一种证据，可能存在着两种以上的理论，而这两种理论可能是完全对立的，但均可得到经验证据的检验和支持。可见，证据对理论非充分决定性的原理是指我们关于世界

的科学理论超越了我们对世界的观察,因此,不同的、相互竞争的科学理论能够从相同的观察事件中发展而来(Gibson,1982:84)。与此相应,在蒯因的翻译不确定性论题中,这一证据对理论的非充分决定性指的是:仅仅依靠观察句,不足以决定与之相容却彼此冲突的非观察词项之指称或理论语句之真值。

一 迪昂-蒯因论题

前面所说的证据对理论的非充分决定性,又被称为"迪昂-蒯因论题"(the Duhem-Quine thesis),因为该论题最先由皮埃尔·迪昂(Pierre Duhem)明确予以陈述,而后由蒯因大力倡导并加以拓展。

在科学理论中存在着这样的事实:基于同一组经验证据,可以提出两种以上的科学理论。这两种理论都是受同样的经验证据支持的,但却彼此不相容。在这种情况下,由于传统的科学观认为一个理论对应一个事实,这两种理论中,只有一个理论是真的,是符合客观事实的,因为证据只有一个。这两个相互竞争的科学假说究竟谁对谁错,一定能够像法官在法庭上进行判决那样分出真假。即通过实验,拿到经验的法庭上进行辩论,看经验证据支持哪一个理论,哪个理论就为真。迪昂和蒯因都认为这一论断对实验和理论关系的理解过于简单,这同时暴露了传统科学哲学和知识论的重大缺陷。

迪昂-蒯因论题反对理论与事实之间这种单一的对应关系,但承认理论结构应该得到经验证据的支持,只是做不到原来的一一对应。两个相互竞争的理论对应同样的经验事实,经验事实对两个理论都给出了合理的证据解释,想判断对错优劣做不

到。以下是蒯因对这一论题的叙述:

> 物理理论是由过去的观察非充分决定的,并且将来的观察可能与这个理论相冲突;可以说,一个理论由过去和将来的观察非充分决定,是因为我们可能没有发现一些相冲突的观察;一个物理理论,即使有所有可能的观察,仍然是非充分决定的。物理理论可能彼此之间不和谐,但从宽泛的意义上来说却与所有可能的观察资料相容,一句话,它们之间逻辑不相容但却经验等价。(Quine,1970:178-179)

例如,关于光的折射问题,我们既可用光的波动理论来解释,也可用光的粒子理论来解释,似乎并无对错之分。那么,如何判断和评价这样相互竞争的理论呢?针对这个问题,人们提出了选择其他标准来予以评判的可能性,比如说,可以通过看各个理论的内容是否有矛盾来分出优劣,也可以通过不同理论的内部逻辑结构是否简洁等实用主义的评价标准来判断。

二 翻译理论及其检验

蒯因将科学哲学与认识论的典型问题拿过来说明语言意义的理解,将证据对理论的非充分决定性这一论题用来论证翻译的不确定性。同一个行为主义的言语刺激意义可能对应着两个不同的表达式,它们都符合证据,但二者却并不相同。两个表达式或两套理论都同样对应一个事实,谁对谁错,光凭这个事实却分不出来。这种关系是认识论上的关系,即证据是否支持人们所说的话或语句所表达的信念。现在，翻译不确定性可以表现为同样一件事实不足以去评判两个都能解释它而两者却不同的翻译句。因此，翻译具有与科学理论同样的难题，也有同样的结构，这是问题的核心所在。根据迪昂-蒯因论题，无论是想把科学理论还原成公共可观察的证据，还是想将翻译的句子还原成单个的确定的意义单位，都做不到。要解决这一问题，就要引入其他因素，也就是说要通过将相应的理论和翻译句子放入相应的整体结构中的关系和位置来判断，于是就引出了整体论的概念。在翻译中，这一认识论上的不确定性就要通过诉诸语境来解决。在蒯因看来，翻译理论最终的检验标准立足于整体主义和实用主义的根基之上。

三　整体论与翻译不确定性

在整体主义看来，有意义的单位既非语词，亦非语句，而是语言整体。人类的知识如同一个整体，其中心与最里层的是最抽象、最稳定的部分，如数学、逻辑等。而最外层是与社会密切相关的学科命题，中间的层次则是抽象程度不等的科学理论。接受经验检验的，不是这个整体中的单个命题，而是整体本身。所以，如果处于边缘地位的命题与经验相冲突，并不一定必须抛弃它，可以通过深层做调整，从而保全这个命题。

根据整体主义知识观，我们认识一个事物，就如同认识一种新的语言，对于这一事物所形成的不同理论描述就如同不同的翻译手册。它们都是相对的，尽管各个理论内在是融贯的、自洽的，但都只是对这一事物本体的承诺，并不是事物本身，这一点和不同的翻译手册情形是一样的，并不涉及事实问题。

蒯因对整体论的论证如下：科学理论蕴含着众多的观察断言句，观察断言句的失败并不决定理论的唯一修正。因为科学家可以选取蕴含该观察断言句合取式中的任一信念予以消除或修正。当然，在运用这一整体论策略的时候，尚需坚持最大限度的简单性和最小限度的肢解整体两条实用主义准则。上述论据说明，科学理论是作为整体面向经验的，换句话说，只有作为整体的科学理论才具有经验意义（蒯因，1993：10-12）。根据整体论，没有与任何东西无关的所谓中立的客观的意义单位，意义最基本的单位，每一个表达式的意义原则上取决于它所处的语言框架整体。整体与经验相交，只存在着整体的关系，不存在单个词单个句子经验的关系。因此，原则上碰到每一个与经验不合或不对等的句子都可以通过调节整体使之符合。

蒯因对这一问题做出了说明，他指出，"整体科学的经验欠确定性和翻译的不确定性之间有明显的相似之处。在这两种情况下，全部可能的证据之和并不足以单独地确定这个系统"（Quine，1992：101）。

第三节 基于本体论相对性的论证

关于本体论（ontology），在蒯因那里有了新的解释。他把本体论问题分为两个方面：事实问题和语言承诺问题。事实问题在于具体研究世界是怎样的，考虑世界本身的存在，属于科学研究的范畴；而哲学家关注的是语言层面的本体论承诺的问题。蒯因本人曾说，"当我探寻一个学说或理论的本体论承诺时，我要问的是：按照那个理论，有什么东西存在。"也就是说，"一个理论的本体论承诺问题，就是依照那个理论有什么东西存在的问题"（Quine, 1966: 203-204）。换句话说，一个科学理论是否正确有效，总是相对于它所描述的对象领域而言的；反过来说，只有当一个理论在语言上承诺了某个对象领域存在，该理论才可能正确或错误地对此对象领域做出描述。至于那个对象领域实际上是否存在，则须通过经验研究才能予以回答。按此，本体论的事实问题与承诺问题既有区别（一个是经验问题，一个是语言问题），又有联系（经验探究预设语言前提）。在蒯因看来，对于这里所揭示的区别和联系，传统意义上的本体论是不甚明了的。正是基于对本体论承诺的思考，蒯因提出了本体论相对性的观点。

蒯因关于本体论的相对性论述，包括以下三个方面：第一，本体论承诺是相对于特定的背景知识，或称语言框架或理论系统。没有脱离理论或语言系统的概念框架体系。只有在一种理论或语言内部，本体论承诺才是有意义的，本体论相对性就是相对于特定的语言框架，或者理论体系这样的背景知识。第二，本体论的相对性是相对于与指称密切相关的分析假设。我们已知，在彻底翻译的思想实验中，对土著语言中非观察句的翻译必须要借助分析假设，将英语的语法系统、结构框架投射到土著语言中，而这样的投射过程本身是相对的。第三，本体论相对性是相对于对存在量词的不同理解方式。对存在量词的理解方式有两种：一种是通过纯技术的代换指示替换语言表达式，从而弱化对本体论信念的断定；另一种是对存在量词做出指称性、事实性或客观性的解释，即通过指称引入本体论的相对性。

一 相对于背景知识

正如在物理学上没有绝对的时间、空间、位置及速度等概念,谈论绝对时空是没有意义的,我们谈论语词的意义也一定是参照一个语言的整体、语言的网络或理论的系统的。换句话说,我们关于世界的言说一定是基于不同的背景知识,一定是参照某一框架而进行的,这种背景知识也可称为理论系统或语言框架,也就是说,本体论相对性是相对于理论系统或语言概念框架的。如果特定的语言框架或理论体系要为真,那么在本体论的意义上必须假设性地承认什么东西存在,用蒯因(Quine,1969)本人的话来说就是设定(posit)某物存在,承诺相对成系统的理论体系或语言框架。在日常交流中,我们能够相互理解和交流,是因为在本体论的意义上,我们承诺了关于某个最基本的个体性的对象的存在。语言中定冠词和专名后面都藏着这样的东西,这又引出了指称的概念。同样的词在不同的体系中很可能指称不同,因此,说一个词的绝对指称是无意义的,必须要参照特定的背景知识。本体论和指称相关,指称的不可测知性和本体论相对性在一定意义上是同义的,本体论的相对性是指称的不可测知性的最基本层次的体现,只是它们谈论的侧重点不同。总之,本体论的相对性,首先是相对于特定背景知识的。

二 相对于分析假设

不同的语言框架之间涉及翻译问题。在蒯因以行为主义刺激-反应模式为支撑的彻底翻译思想实验中,意义是基于物理刺激的。从观察句"Gavagai"开始,到通过分析假设编撰出翻译手册这整个过程,都蕴藏着本体论的相对性。特别是在分析假设阶段,语言学家试着用自己的语言结构去分析土著语句子,其实就是将自己的本体论承诺强加于土著语。这种分析假设的框架,再加上一些辅助性的补充假设,便可形成一部完整的翻译手册。分析假设不同,它们所藏着的本体论的承诺也是不同的。理论上讲,可以编撰出两种不同的手册,不同到这种程度:同一句话,对应到两种不同的手册中,都符合刺激、同意的过程,但二者却完全相反。甚至在同一种语言内部也存在这样的问题,不确定性可以在任何语言层次中表现出来。在所有语言内及语言间的从翻译到理解的整个过程,尤其是在分析假设阶段,均贯穿着意义的不确定性,特别是指称的不确定性,即本体论的相对性。

三 相对于对存在量词的不同理解方式

如上所说,本体论在蒯因那里具有新的意义。他认为本体论的承载者并非单称词项,而是约束变项,因为根据罗素的摹状词理论,单称词项可以被消除,语句中所保留的只是符合标准记法的约束变项。因此,蒯因认为存在就是作为约束变项的值(Gibson,1982:26)。约束变项就是带量词的变项,它的值即论域。在一个特定的范围内,符合约束变项的,就是它的值。在语义上,满足"有颜色的花"这件事的东西,即指称对象,就是它的值。因此,专名的值就是它直接指称的对象,谓词的值就是指一个范围里面适合它的所有对象构成的领域里的每一个。一个一阶谓词的值,就是由所有满足它的那些个体所组成的一个集合。一个句子的值就是它的真假。

我们需要通过对存在量词的理解来找出本体论的承载者，即带量词的变项的值。而对存在量词的理解，至少有两种不同的方式：一种没有多少本体论的含义，是纯技术的代换指示，即用等价的表达式重新解释某一特征而回避了它的存在问题，对它存在与否保持中立。这种方式弱化了对本体论的信念的断定。另一种是对存在量词的指称性的理解方式，对量化处理做出事实性或客观的解释。通过代替函项（proxy function）将一个论域投射到另一个论域的部分或整体中，将一种本体论还原为另一种本体论。因此，蒯因认为：

> 代替函项具有这样的意义：只要我们能在两种本体论之间表达一种一一对应的关系，那么所有由我们的本体论提供的技术服务，都可以同样地由任何可替代的本体论提供。这样，全部物体本身、我们本体论的合法成员，就可以被替换项所取代而不至于遗失。最初的视觉片断及观察句依旧有效，但词项的指示将会改变，变元的值也同样如此。(Quine, 1993: 7)

这种指称性的理解方式就会引出本体论的相对性，不同的指称即有不同的本体论承诺。在这个意义上说，本体论是相对的。

第四节 意义证实论与意义整体论

意义证实论（the verification theory of meaning）与意义整体

论（the holist theory of meaning）是在阐释语句意义的性质及有意义的标准上的两种不同的观点。顾名思义，意义证实论就是通过证实的方式来确定语句是否具有意义。"证实"是指可以通过实际观察来确认和核实，"也就是说，一个命题是可以证实的，当且仅当存在着可据以确定该命题真值的经验方法"（格雷林，1990：295）。而意义整体论是指意义只能从整体来把握，意义在单个句子层面上不能一一对应。前面已讨论过蒯因论翻译不确定性的三点理由，即指称的不可测知性、证据对理论的非充分决定性，以及本体论的相对性。其实，这些理由都贯穿着蒯因本人坚持的意义整体论原则。本节主要讨论意义证实论的主要观点，以及蒯因如何通过论证翻译不确定性的论题来支撑他的意义整体论立场。

一 意义证实论的主要观点

意义证实论是"逻辑实证主义者所提倡的意义理论，与可证实性标准（the principle of verifiability）密切相关"。意义证实论认为，语句只有在它的内容是否与人们能够直接观察到的经验或现象相符时才具有意义。"根据可证实性标准，一语句是认知上有意义的，当且仅当它被证实是逻辑上可能的。语句的意义就是它的证实方法，也就是它能被（特别是经验）证实或证伪的方式"（尼古拉斯·布宁等，2001：1054）。正如逻辑实证主义的创始人石里克（Moritz Schlick）所说："只要存在着一个有意义的问题，在理论上总能指明它的解决办法，因为很明显，从根本上说，指明解决的办法，是与指出问题的意义相一致的"（洪谦，1982：8）。

意义证实论的核心要点如下：语句是有意义的，当且仅当它们要么是分析的（analytic），因而凭着其中的语词意义或逻辑关系而为真；要么是综合的（synthetic），语句意义可以由经验验证为真。也可以换一种说法，即：

> 逻辑实证主义者认为，可把有意义的命题分成两类：一类是形式命题，例如逻辑命题和纯数学命题，他们依循维特根斯坦在《逻辑哲学论》中的看法，把这类命题视为重言命题；另外一类是事实命题，这类命题必须是在经验上可证实的。（格雷林，1990：296）

在逻辑实证主义者看来，传统形而上学的概念，如理念的实在性、绝对精神，等等，均无认知意义，因为它们既没有经验证实的可能性，又不可能由逻辑证明。艾耶尔对此做出了这样的评价：以逻辑实证主义者为典型代表的意义证实论者，"选择证实这个概念作为意义理论的关键概念，这是因为他们希望有一种使真正有意义的命题区别于那些并非真正有意义的命题的方法"（格雷林，1990：295）。因此，与其说逻辑实证主义提出了一种意义理论，不如说其提出了一种区分有意义与无意义陈述的标准。

意义证实论的难题在于："即使它的最好的表述，也会排除一些有意义的语句，并允许一些无意义的语句。"（尼古拉斯·布宁等，2001：1054）它的范围过于狭窄，只适用于关于事实的陈述句。但人们使用语言不仅仅是陈述事实，还有提问、下命令、写诗、开玩笑等。逻辑实证主义者承认这一点，但认为他们的目的只是限于"认知意义",目的在于拒斥形而上学。莱肯认为这不行,意义理论应该能够解释所有的意义事实(Lycan,2008)。对于证实论的观点,更严重的指责来自迪昂-蒯因,这就引出了我们下一节的内容,即意义整体论。

二 意义整体论的主要观点

意义整体论或称语义整体论的观点认为,意义是整体性的,而不是原子式的。意义的单位不是语词或句子,而是构成语词或句子的理论或语言。表达式的意义在于它与自身所在的语言中其他表达式的关系。脱离自身所属的语言整体抽象地谈论语言的成分,是毫无意义的。

意义整体论的提出是基于对意义证实论的反驳。迪昂根据意义证实论的观点举了如下的例子:"桌子的上首有一把椅子。"这句话的证实条件是什么呢?要有合适的站的方位,还要有光线,知道什么是椅子,眼睛是睁开的等背景条件。因此,从本质上来看,单个句子不具有确定的证实条件。蒯因通过反对分析-综合的区分得出以下结论:所有的语句意义归根结底是依赖经验的。但是,单个的语句并不只是与单个的经验相联系。他认为"科学在预见未来中力图证明自身的两条准则是:最大限度的简单性和最小限度的肢解整体原则"(Quine,1992:15)。他还说,"整体论是对那些认为每个科学句子都有自己独立的经验内容的天真的科学观的更正"(Quine,1992:16)。由此看来,要理解语句的意义,就需要整体论的观点。

为了更好地了解意义整体论,我们先来了解一下整体主义知识论。后者大意如下:由于经验证据对于理论知识的决定具

第二章 蒯因论翻译不确定性

有非充分性，因此，作为知识或信念之网这个整体从边缘到中间甚至内部核心层次的任何陈述都有可能被经验修正。我们关于外部世界的知识或信念是以整体面向经验法庭的。我们的知识或信念之网整体内部的各个陈述之间在逻辑联系上是如此的紧密，以至于对某一陈述的改变必然会引起整体内部的重新调整及对真值的重新分配。因此，我们评价理论的标准不具有唯一的确定性，而是看它是否方便和实用（陈波，1998：151）。

其实，蒯因的整体主义意义论是其整体主义知识论在语言哲学领域中的自然延伸。他关于语义整体论的基本立场是：单个的语句与证实它们为真或为假的客观经验并没有直接的一对一的关系。关于外部世界的陈述并非单独的，而是作为一个整体来面对感觉经验的法庭。整体论涂抹了具有经验内容的综合句子与不具有经验内容的分析语句之间的假定区别（Quine，1981：71）。

在《语词和对象》一书中，蒯因写道：

> 对某一给定语言的无穷句子总体可以进行内部调整或重新匹配，使得（a）说话者的言语行为的整体倾向保持不变，但（b）这种匹配不仅仅是在句子和其松散却似乎合理的对等物之间建立联系。无数的句子可能与各自的相关句有巨大的偏差，但这些偏差可以在整体系统中相互抵消，使得语句之间以及语句与非言语刺激之间的关系总体模式保持不变。当然，一个句子同非言语刺激的直接联系越紧密，这个句子在任何这类重新匹配下就越少偏离其相关句。（Quine，1960：27）

翻译不确定性:理论与实践

意义的基本单位既不是孤立的语词,也不是单个的语句,而是由许多语句所构成的陈述总体。整体主义意义观允许在句子的总体的言语行为倾向之下,重新分配语词的意义,也就是进行内部调整,因此,语词不可能有固定的内涵意义。

如果语义整体论成立的话,那么除了观察句外,其他一切句子都会有翻译的不确定性。因为,观察句与感觉刺激直接关联,具有相对独立的经验内容和经验意义,可以被视为能够独立接受经验证据的证实与反驳的最小语义单位。观察句以外的句子基本上是理论句。理论句要有意义,必须放在整个理论中,整体接受经验法庭的审判,才具有意义。这必然产生翻译的不确定性。其根据就在于语句总体的意义在其构成成分句子之间进行的分配以及补偿调整。分配与补偿调整,必然具有不确定性。也就是说,翻译的不确定性强调的是句子之间的补偿性调整,它需要借助一个比单个句子更大的语言整体单位。蒯因认为:

> 为了从一个给定的假设中推断出一个观察断言句,我们必须要借助其他理论语句及许多明白的常识,甚至算术和数学等其他知识的帮助。在这种情况下,观察断言句的假设并不提供结论性的反驳,它反驳的是蕴涵这个观察断言句的句子的合取。为了取消这个合取,我们不必消除这个假设,而是只需要取消这个合取中的其他某一句子。(Quine,1992:13-14)

由此可见,没有任何客观事物的事实使我们能够区分关于

第二章　蒯因论翻译不确定性

给定语言的各种不同翻译选项，因此在从一种语言到另一种语言的翻译中，或者在同一种语言的一个语句到另一个语句的翻译中，肯定存在着彻底的、根本性的不确定性（radical indeterminacy）。

第三章

翻译与诠释

  翻译指的是两种语言间的转换,是将一种语言形式转换成另一种语言形式的过程。诠释(interpretation)则是指听话者对说话者所说话语的理解、解释或分析说明。典型的诠释是基于一种语言的,是在一种语言内部对话语意义的把握与说明。由于语言从根本上讲是关于我们所在的世界是什么、不是什么以及存在状态的描述,因此,要理解一种语言,首先就要了解它是否如实地描述了我们世界的真相。也就是说,语言理解的基础是真理与诠释,或者说其起点是真理与意义。据此,只有在把握了真理与意义的概念,厘清了真理与意义的关系之后,我们才能对语言进行理解与诠释,并进而对两种语言进行翻译。因此,谈翻译问题离不开对真理、意义与诠释的思考。

  本章将通过比较蒯因与戴维森的真理与意义观,阐明戴维森通过"真理"而为"意义"进行的独特辩护,并对蒯因的意义理论进行批判性重审，进而揭示戴维森从"彻底翻译"到"彻底诠释"的论证过程，阐明翻译与诠释的关系，探讨翻译和诠释的可能性。

第一节 真理与意义

"所有诚实的人都关注真理：他们力图只展示那些真的断定、主张、理论，等等。这是从外延方面关注真理。但哲学家们还从内涵方面关心真理问题——也就是说，他们关心真理这个概念或'真理'一词的意义"（Pitcher, 1964：1）。那么，从内涵方面看，何谓真理呢？或许可以引用亚里士多德的简洁说法来予以提示："说某种是的东西不是，或者某种不是的东西是，这是错误的；而说某种是的东西是，或者某种不是的东西不是，这是正确的"（转引自罗伯特·所罗门，2011：198）。此外，还应注意，"传统上，真是与假相对而言的，它被视为一种性质，有一个载体"（尼古拉斯·布宁等，2001：1022）。当然，对于真之载体是语句，还是语句的意义即命题，哲学家们争论不休。

在哲学中，关于真理的典型观点，有符合论、融贯论和实用论。大多数人主张的真理符合论是指："一条陈述为真，当且仅当它与事实相符合。"（罗伯特·所罗门，2011：198）这一理论面临很多困难，特别是"符合"所隐含的陈述与事实这两种不同类型的事物之间如何比较的困难。为了克服这些困难，出现了两种典型的真理观，"它们都把重心从'事实'转向了接受某种信念的理由。其中一种理论被称为真理的融贯论，另一种被称为真理的实用论"（罗伯特·所罗门，2011：200）。前者主张，"当且仅当某种陈述或信念的系统相一致时，它才是正确的"（罗伯特·所罗门，2011：463）。以此为基础，"实用论为融贯论补充了一条附加的实践条件，即接受一条陈述或一种信念为真的理由之一，就是它是否能让我们更好地行动，是否能为未来提供丰富有效的出路"（罗伯特·所罗门，2011：202）。用著名实用主义哲学家詹姆斯（William James）的话来说，对于一个陈述或信念，"说'它是有用的，因为它是真的'，或者说，'它是真的，因为它是有用的'，这两句话的意思是一样的"（威廉·詹姆斯，1979：104）。

虽然真理融贯论和真理实用论似乎有助于克服真理符合论的困难，但它们本身也面临着新的困难。融贯论注重一个语言系统内部的无矛盾性，但如此却难以刻画语言与世界之间的关系。可以设想这样一种情形：两个语言系统彼此矛盾，但它们自身内部各命题却是相互一致的。按融贯论，就无法断定哪个语言系统是真的。换言之，融贯论使得真理概念与世界的存在状态了无干系。有趣的是，实用论也面临着同样的困难。正如罗素所说，

> 如果按照詹姆斯下的定义，难保不发生这种事：虽然事实上 A 不存在，而'A 存在'却是真的。我一向总感到有圣诞老人这一假说'在最广的意义上起满意的作用'，所以，尽管圣诞老人并不存在，而'圣诞老人存在'却是真的（罗素，1982：376）。

第三章　翻译与诠释

何谓意义？"意义一般是指在一个表达式中所表达、说到或提及的东西。""它总是与'涵义'、'内包'、'内涵'以同样的方式被使用的，而与'指称'、'所指'和'外延'形成对照"（尼古拉斯·布宁等，2001：595）。根据在意义分析中对语言、思想和世界的不同看法，可以把意义理论主要归结为以下几类（Grayling，1997；转引自王静，2013：12-13）：意义指谓论（the denotative theory of meaning）、意义观念论（the ideational theory of meaning）、意义行为论（the behavioral theory of meaning）、意义使用论（the use theory of meaning）和真值条件语义论（the truth conditional theory of meaning）。蒯因为意义行为论的主要代表人物，而戴维森的意义观点主要源于真值条件语义论。

关于真理与意义的关系问题，有一种观点值得注意，即"陈述一个语句的成真条件就能给出该语句的意义。除弗雷格以外，维特根斯坦、卡尔纳普、蒯因以及（其最近的支持者和主要的辩护者）戴维森都在一定程度上持有这种观点"（格雷林，1990：323）。这样的意义观与真理概念密切相连，因为它主张了解一个语句的意义也就是要了解它的成真条件。这里引用戴维森的一段话来说明真理与意义的关系：

> 当然，没有必要掩饰在塔尔斯基已表明其构造方式的那种真理定义与意义概念之间的明显联系。这种联系就是：那种定义通过对每个语句的真实性给出充分必要条件而起作用，而给出真值条件也正是给出语句意义的一种方式。知道一种语言的语义性真理概念，便是知道一个语句（任

何一个语句）为真是怎么一回事，而这就等于理解了这种语言（在我们能赋予这段话的一种可靠的含义上）。（唐纳德·戴维森，2007b：36）

可以这样来理解以上这段话：意义理论即真理论，一个语句的意义就是这个语句为真的条件。

既然真理与意义的关系如此紧密，以谈论意义为出发点的翻译与诠释便注定与真理密不可分。为了更好地阐明翻译与诠释之间的关系，本小节将论述蒯因与戴维森的真理与意义观。

一　蒯因的真理与意义观

从"彻底翻译"的思想实验可以看出，蒯因的真理观认为，真与否的判断是通过同意或不同意来实现的。在蒯因看来，没有一个确定的、与语句相对应的事实，因此，他反对传统的真理符合论。蒯因认为"真"的意义是通过特定的逻辑等值来固定的。人的头脑中或其他地方没有意义实体的存在，意义是通过翻译保存下来的东西，翻译是抓住语义的方法。他把一个表达式的意义等同于说出这个表达式所引起的刺激反应，持的是一种行为主义的意义论。不过，应该强调指出，"蒯因至少有时候也坚持认为，真对一个关于世界的理论来说是内在的，因此它在这种程度上依赖于我们的认识态度"（唐纳德·戴维森，2007a：35）。因此，可以说，"蒯因心中的'意义'是一个以证据为核心的认识论概念"（王静、张志林，2010：69）。

对于真之载体，蒯因认为，"最好不要把命题，而要把语句标记或语句（如果它们是恒久的话）视为真或假的东西"（蒯因，1991：14；转引自陈波，1998：241）。因为只有语句才是可看见或可听见的，只有诉诸活生生的、我们可以具体探讨的句子，我们才能说我们考虑的是什么句子意义（Quine，1992：77）。蒯因将语句而非语句的意义作为真的载体，是因为他认为句子意义难以捉摸，而句子是我们可以紧紧抓住的。只有通过再现句子，我们才能说我们了解的是什么样的句子意义。但有一些句子在不同的场合真假不同，因此，只有真假值固定不变的恒定句才可以用作真之载体（Quine，1992：77-78）。

如上所说，蒯因认为，没有任何客观的事实使我们能够区分关于给定语言的各种不同翻译选项，因此在从一种语言到另一种语言的翻译中，或者在同一种语言的一个语句到另一个语句的翻译中，肯定存在着彻底的不确定性（radical indeterminacy）。通过前两章所述"gavagai"的例子我们知道，在蒯因看来，翻译的不确定性本质在于概念意义的相对性和指称的相对性。按照蒯因的理论推之，我们得到一个灾难性的结论："在几个相互竞争的翻译文本中，没有哪一个为正确的。但是，如果句子有意义的话，那么就会存在正确的翻译，即，译者会保留它们的正确意义。"因为如果没有这样的正确意义，"那么句子没有意义"（Lycan，2008：107）。蒯因的观点引起了后来很多哲学家的不安，因而许多人想尽办法证明，意义毕竟是存在的，翻译毕竟是可能的。

二 戴维森的真理与意义观

戴维森纲领的来源之一是蒯因的相关理论，但他并不赞同蒯因的行为主义意义观。他认为一个陈述的意义即为它的真值条件,"没有对真之概念的把握,不仅是语言,就是思想本身,也是不可能的"(Davidson,1997,2005;转引自陈常燊,2012:104)。戴维森说:

> 我们可以把真看作至关重要的语义概念,以此开始对句子进行从上至下的分析,因为真,或者真的缺失,乃是句子最明显的语义性质,并且对于是什么使句子适合于表达判断或传达信息这样的作用提供最清楚的解释。(唐纳德·戴维森,2007a:2)

按此,真理与意义关系密切,相互依存。说意义必然要通过谈论真理,说真理也必然谈论意义,二者绝不可割裂开来。

戴维森还说,"我们已经得到的关于语言和真的看法是:容易看到的是句子在语境中的使用,而真则是我们最为理解的语义概念"(唐纳德·戴维森,2007a:37-38)。戴维森强调自然语言的真理论,他将塔尔斯基的真理论作为自然语言语义学的基本框架,这是戴维森意义理论的关键特征。他说,"可以合法地把塔尔斯基的真之定义看作传达了关于一种语言的实质性的真句子"(唐纳德·戴维森,2007a:2)。在戴维森看来,给出意义的最自然的方式是给出如下形式的句子:s means that p。但这是一个包含内涵性表达的句式,而不是一个真值函项,因为 p 的真值对于决定表达式的真值无关。另外,意义理论应避免循环性,即不可在意义描述中引入"意义"或"意味着"等语义概念。于是戴维森利用蒯因的语义上升法(semantic ascent)(Quine,1960:270),用"外延的方式处理由'P'所占的位置",即:"清除晦涩的内涵语境连接词'means that',代之以一个'P'语句的恰当关联词'是T当且仅当'"(is T if and only if)(王静,2013:19)。这样,我们就得到了以下的等值关系:S is T if and only if P(S是T当且仅当P)。这里"是T"为S的任意谓词。现在,我们可以从这样一个角度来思考:不管一个语句的谓词部分或具体内容是什么,"我们应该首先承认我们所做的表达是关于语句的内容为真的表达,因而真谓词是所有的持真语句的最恰当的表达"(王静,2013:19-21)。用戴维森的话来说,"任何一个使所有的T-语句为真的谓词便是真谓词"(Davidson,2001a5:65)。这样,戴维森构造的意义理论就可以表达为:

S is true if and only if P(S是真的当且仅当P)。

在这里,S是一个结构描述语,相当于一个名称,"是真的"是它的谓词而非真值函项句子联结词。这就是戴维森的外延性的真理-意义理论。正如王静(2013:12)所说,"戴维森以塔尔斯基外延性形式语义真理定义为基础的真理-意义理论是我们的语言理解的语义基础"。

第二节 从彻底翻译到彻底诠释

在第一章第一节中我们已较详细地了解了蒯因彻底翻译的思想实验,它是指英语与一种多数人从未知晓的语言(如某个土著语言)之间的翻译。由于语言学家对这种土著语言没有任何的语法结构、词汇及语义知识，因此，只能通过特定场合中土著人的语句，即场合句中语言的刺激条件来对它进行把握。戴维森借鉴蒯因的这一思想实验，假定在类似于蒯因所指的田野语言学家的那种情形下，诠释者如何获得对他人话语的诠释或理解，即所谓的彻底诠释。本节我们将重审蒯因彻底翻译的思想实验，并对彻底翻译与彻底诠释、翻译不确定性与诠释不确定性进行比较分析，以提示戴维森的诠释理论对蒯因理论的批判性改进。

一　彻底翻译与彻底诠释的概念

在蒯因的彻底翻译思想实验中，翻译者对翻译的对象语言知识一无所知，只能通过在语言的外部，即语句产生的刺激条件以及人们的行为倾向中来寻找和定义意义，以建立对象语与目标语之间的翻译手册。戴维森借鉴蒯因的思想实验，设想一种特殊的"彻底诠释"的情境，也就是诠释者处于类似于蒯因所谓语言新大陆中的情境。也就是说，戴维森的彻底诠释理论来源于蒯因的彻底翻译思想的启发，他说自己采用"'彻底诠释'这个术语，旨在表明其与蒯因的'彻底翻译'有着十分密切的关系。但是，密切并不等于同一，用'诠释'代替'翻译'，它表明的差异之一是：更加强调前者中明确的语义性质"（Davidson，2001a9：126）。

蒯因彻底翻译过程时时渗透着他的自然主义语言观和行为主义意义观，也体现了他否定"意义实体"这种虚无的东西存在的思想。蒯因认为意义只在翻译中得到体现，但在戴维森眼里：

第三章 翻译与诠释

  翻译理论在于陈述一种把相异语言里的任意一个句子转换成所熟悉的语言里的一个句子的有效方法，因此，它会满足对一种可适用于任何一个语句的、被有限地加以陈述的方法的需要。但是，一种翻译手册并不是诠释理论所应采取的最佳形式。（唐纳德·戴维森，2007b：157）

戴维森又补充道："断言翻译方法并不是对彻底的诠释这个难题的一种恰当的解决办法，这并没有批评蒯因的任何学说。"（唐纳德·戴维森，2007b：169）由此，戴维森清楚地表明了自己的观点：吸收蒯因翻译理论的启发，并发展自己的诠释理论。戴维森这样阐明他的诠释理论：

  可以把关于一种对象语言的解释理论看作把一种起提示结构作用的关于已知语言的解释理论与一种从未知语言译为已知语言的翻译系统这两者合并的结果。这种合并，使得一切对已知语言的参照成为多余。（唐纳德·戴维森，2007b：159）

通过诠释（解释）理论，去掉了对已知语言的参照。可以看出，以这样的方式，避免了蒯因翻译理论中分析假设的缺陷，即把译者的或目标语的本体论承诺强加于对象语言。

  蒯因与戴维森的根本不同观点有两个："一个是对感觉刺激作为意义标准的看法不同，另一个是对观察句赋予认知意义的看法不同。"（王静，2013：59）与蒯因不同，戴维森认为不能把感觉刺激看作对那些被刺激引起的信念的证据（或辩明的根据)(Davidson, 2001b10: 151)。蒯因将认知意义赋予观察语句,认为观察语句是语义理解和翻译的基础,而戴维森则认为依靠以感觉为基础的观察句最终将向怀疑论敞开大门。戴维森依据的是外在的持真条件,即必须满足哪些条件,彻底诠释才是可能的。

彻底翻译与彻底诠释的不同还体现在:蒯因的彻底翻译避免使用像信念和愿望这样的心理术语,翻译者所依赖的是移情和因果关系(empathy & causality)。而戴维森的彻底诠释则需要诠释者详细地说明语言使用者的信念和愿望,彻底诠释者依赖于"信念相通原则"(the principle of charity),即假定这种语言中的大多数话语表达着真的信念,他们的信念在很大程度上与我们的信念相同(rationality & truth)。蒯因的基本立场是经验主义、行为主义和自然主义,关心的是"彻底翻译实际上是如何发生的"这类经验科学式问题。戴维森舍弃了蒯因的立场,"关心的是'彻底诠释是如何可能的'这类先验式的哲学问题"(王静、张志林,2010: 68)。

关于彻底翻译与彻底诠释的不同之处,戴维森这样说道:"讲同一种语言的人可以依赖于这么一种假设:对于他们来说,要以相同的方式来解释相同的表达式。""而对另外一个人的言语的一切理解都牵涉到彻底的诠释。而彻底的诠释会帮助人们不至于忽视种种假设而只专注于那些很显然是要求做出解释的场合(即用另一种话语来解释一种话语的场合)。"(唐纳德·戴维森,2007b: 154)

可以说,戴维森所说的"彻底诠释"是一种基础的语义理解模式。"彻底的解释是体系上的一个环节,而在蒯因的理论中，彻底的翻译只是一个说明问题的例子，不过这个例子刚好与语言交流有关"（张妮妮，2008：76）。如果说蒯因式的彻底翻译只是特定情形下的意义转换，那么戴维森式的彻底诠释便是任何公共交流的语言活动的起点。

二 翻译不确定性与诠释不确定性

在蒯因的彻底翻译思想实验中，可能存在着两种以上的翻译手册，这些手册与引起语句的刺激反应均相符合，但是彼此之间却是不相容的，这就是翻译的不确定性。在戴维森的彻底诠释理论中，这样的不确定性也是存在的，只是程度不同而已。他说：

> 倘若按照我一直在讨论的那种方式来看待解释，那么，就不大可能只会发现一种理论是令人满意的。所产生的那种解释不确定性在语义上对应于蒯因的翻译不确定性。我认为，在我的那种处理方式中，不确定性的程度不会像蒯因所期望的那么严重。（唐纳德·戴维森，2007b：185）

翻译的关键是意义转换，而诠释则是意义的理解。经验证据和相伴信念不可分离，意义的确定或解释与信念密切相关，也就是说话者话语的意义表达了他的信念。而在语言的理解或诠释过程中，我们仅仅根据一个人的话语却不能唯一地确定他的信念与话语的意义。戴维森认为：

> 这个理由已由蒯因令人信服地做出了论证：一个说话

者所持句子为真是由这个人借由他的话所要表达的内容以及他对世界的信念所决定的,而对这些决定的方式我们只能部分地清理出来。换个更好的表达:意义和信念不能只通过语言行为单一地重构出来。(Davidson, 2001c: 257)

这个观点被称为戴维森的诠释不确定性(indeterminacy of interpretation)。

林从一(2004)认为,诠释不确定性理论包括如下几层意思:第一,在意义的理论构建上,即使我们对构建的经验和形式设定了限制条件,但这些限制条件仍然不能引导唯一正确的诠释理论,因为我们在原则上缺乏一种认知判断的标准,无法确定哪一种诠释是唯一正确的。第二,即使考虑到了所有的相关诠释资料,我们对说话者的信念及话语的意义仍然可以做出不同的诠释。第三,诠释不确定性与翻译不确定性存在着理论上的联系。

我们可以将戴维森的诠释不确定性理解为对蒯因翻译不确定性的批判性改进。经验主义者蒯因认为,意义依赖于言说者直接可得的证据;而戴维森则将诠释转向了语言外部世界中突显于说话者和诠释者的对象和事件(Davidson, 1990: 321)。蒯因将意义及信念的证据理解为说话者对语句持赞同或反对态度的刺激模式,即行为主义的刺激反应模式。戴维森则将意义及信念的证据理解范畴扩大到"依据外部世界条件对语句的持真态度"(王静,2013: 66)。由于蒯因的语言意义可依据"人们对社会生活中可见刺激的明显反应倾向"(Quine, 1960: ix),"我们可将这种倾向理解为语言意义与刺激物之间的中介"(王静，2013：67）。但是，戴维森是明显反对这种中介的，他认为，感觉不是信念或其他命题态度，它们不能成为信念的理由（即认知中介）。如他本人所说，"既然我们无法保证这些认知中介的真实性，就不应当允许它们插在我们的信念与这些信念在世界中的对象之间。因此，对于认识上的中介我们必须防范"（Davidson，2001b10：144）。我们知道，蒯因由翻译不确定性引出了指称的不确定性，即"Gavigai"可指称兔子、兔子的一部分或兔子的某个时间段。但戴维森认为这是蒯因混淆了翻译方法和语词与对象之间的关系而造成的，我们的翻译手册或翻译方法不同并不能说明语词与对象之间关系的不确定。

对于为什么诠释不确定性程度不如翻译不确定性那么严重，戴维森解释道，"一方面，我是在一个全面的基础上倡导采用宽容原则；另一方面，倘若满足约定 - T，显然就确保了量化结构的唯一性"（Davidson，2001a10：153）。当然，无论是翻译不确定性还是诠释不确定性，均不是对翻译或诠释的否定。

第三节 诠释与翻译的可能性

如上所说，戴维森借鉴蒯因的思想实验，设想一种特殊的"彻底诠释"的情境，也就是诠释者处于类似于蒯因所谓语言新大陆的情境中。其关键问题是：必须满足哪些条件，彻底诠释才是可能的？

王静和张志林（2010：68 - 69）将戴维森所论述的这些基本条件概括为：人性设定、交流情境设定、三角测量（triangulation）关系设定、整体论原则及宽容原则。这些彻底诠释的条件体现了戴维森语义外在论的基本思想,其中三角测量模式是基础。

本小节将通过分析与戴维森诠释理论密切相关的"三角测量模式",论述从诠释到翻译的可能性。

一 三角测量模式的概念及推导过程

根据戴维森,语言诠释涉及的基本要素是:诠释的证据基础和形式基础、诠释者的知识储备以及三角测量(triangulation)理解模式。在一种言说者-诠释者-世界的三角互动关系中,两人之间的语言交流受制于来自同一对象或事件的因果关系,以及他们所共享的关于同一世界的基本观念。我们认为,由此所构成的三角测量模式是理解戴维森语义外部论的基础。

为什么要采用三角测量的模式呢?在"理性的动物"一文中,戴维森说道:

> 如果我被拴定在地上,我将没有办法确定从我到对象之间的距离。我仅仅会知道它们处在从我朝向它们的某条线上。我或许能够成功地与这些对象进行相互作用,但我没有任何办法对它们在哪里这个问题给出答案。如果我不被拴定,我就可以自由地去做三角测量。(Davidson,2001b7:105)

戴维森的意思是,当生物体不能直接测定自己与对象之间的距离时,必须要通过移动位置并寻找另一处参照点,虚拟一个三角形并通过几何公式推导出生物体与对象之间的关系。而且,单个生物也不能完成这一工作。正如戴维森本人所说:

因为只有在两组（或更多）的相似性反应的相互作用中才能识别铃铛或桌子……要具有一张桌子或一个铃铛的概念就要去辨认一个三角形的存在。在这个三角形的一端是一个人自己，第二端是另一个类似自己的生物，第三端是对象（桌子或铃铛），这个对象位于一个公共的空间中。（Davidson, 2001b8: 120 – 121）

在这一三角测量模式中，诠释者、他人及世界三者相互作用，共同完成语言的诠释。也就是说，语言诠释必须要有第二个生物的介入，诠释至少发生在两个生物之间才是合理的。两个生物与一个对象之间通过几何图形连线构成一个稳定的、语言诠释的三角形状的测量结构。通过图例表示如下：

```
              对象
             /    \
           R1      R2
           /        \
      诠释者 ——R3—— 他人/言说者
       生物1           生物2
```

可见，诠释者与他人处于三角形的底部两端，顶端是诠释对象。诠释对象与诠释者及他人之间以及两个生物，即诠释者与他人之间均通过三角形的边表示相互的联系，三角形两条边分别用 R1 和 R2 来表示，三角形的底用 R3 来表示。在戴维森看来，所有这些联系，即 R1、R2 和 R3 都是因果联系（Davidson, 2001b: 203）。诠释者和他人分别与对象之间的关系，即 R1 和

R2 为因果关系，这一点不言而喻，但诠释者与他人之间的联系 R3 是怎样理解为因果关系的呢？诠释者的思想和语言，也就是诠释者对客观世界的理解和诠释，首先受客观对象的影响。与此同时，由于主体间的交流是社会互动的，诠释者也受社会同伴或他人的影响。换句话说，"一个生物的语句或思想既是外部的事件和对象引起的结果，同时也是另一个生物的相似性反应对他影响的结果"（王静，2013：93）。在上图中，诠释者的思想和语言同时由对象和他人的相似性反应引起，因而对诠释者而言，R1 和 R3 都是因果连线，对他人来说，R2 和 R3 也是因果连线。因此，"三角测量是因果的三角测量（causal triangulation）"（王静，2013：93）。

进一步说，戴维森认为，三角测量不仅是因果的，还是社会的。他说：

> 为给感知、词语或思想以客观的内容，所需要的不仅是不同的观察者与相同的对象或事件的因果相互作用，而且是在共享的环境中，观察者们之间正确的因果相互作用；一句话，所需要的就是交流。除了在社会的场景下，无论是个人自我的知识，还是外部世界的知识，都是不可能的。所谓"客观"思维与其他思维一样，均依赖于人际间的联系。（Davidson，1988：665）

交流是社会的交流，所有的知识，包括外部知识和自我知识也都是社会的。诠释者与他人的交流是在社会的场景下进行的。诠释者与对象或他人与对象之间的联系，也就是主体对客

第三章 翻译与诠释

观世界知识的理解和观察,是将客观知识主体化,而要获得客观性的知识概念,这个主体化的过程必须"渗透着我们与其他主体相互作用的结果"(王静:2013:94),因此,三角测量的所有关系又都是社会性的。

根据戴维森,这种稳定的、因果的和社会的三角测量模式在语言理解中起着至关重要的作用。戴维森这样解释道:

> 在任何人能够说一种语言之前,必须存在另外的与言说者相互作用的生物。当然这还不够,因为单纯的相互作用没有显示出相互作用的因素是如何关联到这些生物的。除非这些生物能够对这个相互作用做出反应,否则他们就无法获得为我们那些针对特定事物的观念提供内容的三方联系的认知优势。(Davidson,2001b8:120)

语言理解和交流是社会性的,有语言必有说话者和听话者。用戴维森的话来说,就是生物之间(诠释者和他人)的相互作用,是话语理解的必要条件,这是三角测量的底部。光有这一点还远远不够,因为生物之间的相互作用的内容究竟是什么,我们不得而知。生物体除了与同类发生某种联系之外,还同世界发生着各种各样的关系。因此,生物体之间的语言交流内容是关于客观世界的,这就是三角测量的顶端对象。诠释者和他人都必须通过与顶端对象的联系来对客观世界进行观察和理解,而这种观察和理解又通过同类生物的相似性进行相互的制约与更正。于是,通过三角测量中三条边的相互影响与牵制,语言交流与话语理解得以顺利进行。"当理性的生物面对共同享有的世界时,语言交流在其中起着构成的作用,对理性生物来说特有的三角关系在语言交流中构成"(叶闯,2006:303)。换句话说,有语言交流的地方,便有三角测量关系的构成,因此,语言交流离不开诠释者(说话者)—他人(诠释者)—世界三者构成的相互作用的三角测量关系。如上所说,戴维森的这种三角测量理解模式是稳定的、因果的和社会的。

二 从诠释到翻译的可能

本小节分三个步骤,论证从诠释到翻译的可能。第一步,从言说者意图及三角测量模式看同一种语言诠释的可能性;第二步,从共享真理概念谈两种语言间诠释的可能性;第三步,在掌握两种语言知识的前提下,谈两种语言间翻译的可能性。

第一步,从言说者意图看诠释的可能性。

由于戴维森的意义理论是建立在真理论的基础之上的,真理论的知识"描述了言说者的潜在的和实际的语言行为的至关重要的核心:言说者如何意欲让他的话被诠释"(Davidson,1990:312)。从这一点我们可以看出:诠释的可能性从说话者的意图就可以得知。话语从产生或构成那一刻起,就预示着它的可被诠释性。语言作为公共的社会交流的手段,如果失去了它的可诠释性、可理解性,就失去了它的存在价值。从实际使用来看,即使有些特殊的语言仅仅为少数人所理解和诠释,但它仍然是作为公共交流的语言,仍然有它特殊的交流群体。可以这样说,可诠释性是语言本身的一种性质,也是语言存在的方式。戴维森还说:

第三章 翻译与诠释

　　说一种语言,并不要求有两个或更多的言说者以同样的方式进行言说;它仅仅要求每个言说者有意向地使他自己成为别人可诠释的(这个言说者必须或多或少如他人所期待的那样"说下去",或者至少使他为诠释做好准备)。(Davidson,2001b8:115)

　　可以这样理解戴维森的这一段话:不同的言说者可以用不同的方式对特定的对象进行言说,这并不影响他们的话语被理解;关键的是,言说者要尽可能地使自己的话语可以被别人诠释,可以被别人理解。也就是说,存在有多种可以被理解的言说方式,方式不同并不影响诠释的可能性。

　　我们知道,对语言的诠释其实质就是理解和掌握语言的意义。戴维森通过真理来定义意义,认为一个句子的意义就是使这句话为真的条件。他还说,"一个诠释者能(正确地)诠释一个言说者的话语,仅当他知道这个言说者意欲让诠释者对他的(这个言说者)话语指派某种真值条件"(Davidson,2001b8:111-112)。也就是说,说话者在说话之时是怀着与他人交流、被他人诠释的这种意图,而诠释者也知道说话者的这种希望被人理解的意图。有了这种相互之间的理解与被理解的意图,诠释当然就是可能的。

　　由上可见,戴维森强调三角测量模式在语言诠释中的作用。他说,"选定一种语言来使用,就要求它所表达的话语与世界中的对象和事件相匹配"(Davidson,2001b8:120)。这里表明了R1/R2,即言说者与对象之间的认识与被认识的关系。三角测量理解模式体现了语言产生的社会性、语言对客观世界的反映、行为上的刺激反应、生物之间的相互作用及意向反应等。首先，人类世界是一个由众多的相似生物（不同种类、民族的人群）构成的整体，人与人之间的相互作用与交流构成了整个人类社会。其次，人类相互交流的起点是因为有一个需要共同认识的客观世界，是客观世界这一对象将人们联系在了一起。而人们相互交流的目的是为了更好地理解和诠释世界，以达到和谐共存的状态。最后，这个交流的过程，即认识世界的过程包含行为方面的刺激反应及意向反应。因此，没有诠释的可能性，由诠释、理解、交流而形成的人类世界将不复存在。反过来说，人类世界的存在本身隐含了诠释的必然性。

戴维森（2001b8）认为，话语理解的核心内容包括以下三个方面：第一，生物间相互作用是言说的必要条件；第二，只有在相似的生物之间才能建立相互的作用；第三，相似生物必须会意地和意向性地对特定刺激做出言语行为反应。上一小节已阐述，三角测量模式是因果的联系，也是社会的联系，生物间相互作用的因果社会联系构成了话语产生的基础，而这一基础从一开始就预示了语言诠释的可能性和必要性。关于第二点，这种相互作用是建立在相似生物之间的，我们从鹦鹉的例子及科学家训练大猩猩说人类语言屡次失败的案例中可以得到解释，人类的语言交流只有在人与人之间才能进行。正是在三角测量关系中，人类的相似性构成了对同一对象进行言说与诠释等语言交流活动的可能性。关于第三点，戴维森自己解释道：在语言诠释三角测量的底端，两个人要彼此知道他们是被如此联系着，他们的思想是被如此联系着，就要求他们处于交流之中。"他们中的每一个必须与对方交谈并被对方理解"（Davidson，

第三章 翻译与诠释

2001b8：121）。语言交流是人类社会构成的特征，作为社会基本单位的人都有着与他人交流的意图。

第二步，从共享真理概念谈两种语言间诠释的可能性。

根据成真条件语义论，语句的意义即使得该语句为真的那些条件，那么如果两种语言的真理观趋于一致，或者说不同语言的人共享真理的概念，两种语言之间的意义也就具有共通性，因而不同语言之间的诠释便成为可能。关于言说者与诠释者是否共享真理概念，戴维森说：

> 重要的是，如果我们所知道的不过是什么样的语句在一个说话者看来是真的，而我们无法假设他的语言就是我们自己的语言，那么我们在不具备关于说话者的信念的大量知识或没有做出这种假设的情况下，甚至无法迈出朝向解释的第一步。既然关于信念的知识只和解释语词的能力联系在一起，所以开始时只有唯一的一种可能性，即假定对信念持有普遍一致的看法。通过向一个说话者的语句指派成真条件，这种成真条件仅在该说话者认为这些语句为真的情况下（在我们自己看来），才实际成立，我们便开始获得一种接近完成的理论。（Davidson，2001a13：196）

由此看来，如果没有对信念和真理的普遍一致的看法，我们将无法对语句进行诠释，只有假设了这种普遍一致性和指派了一个语句的成真条件，我们才能用一种语言对另一种不同的语言进行诠释。但问题是这种假设是如何可能的？戴维森认为，"如果一个人未曾与他人以及他们共有的世界形成三角测量的互动关系，他就不可能拥有真理和客观性的概念"（方兴，2010：159）。戴维森说：

> 一个人知道三角形的第二端——第二个生物或人——与自己所反应的是相同对象的唯一方式，是去知道这第二人心里有同一个对象。然而接下来第二人必须也要知道第一人构成同一三角的一端，而他自己则占据这个三角的另一端。因为，两个人要彼此知道他们是被如此联系着，他们的思想是被如此联系着，就要求他们处于交流之中。他们其中的一方必须与另一方交谈并被对方理解。如我所言，他们不必以相同的语词意谓相同的事物，但他们必须是彼此的诠释者。（Davidson, 2001b8: 121）

这段话的意思是，三角测量模式中包含相同的对象/事物，彼此的诠释者，不相同的语言。三角形的底部任一端都可能是言说者或诠释者，或诠释者与他人，两端的生物彼此相互知道对同一事物的诠释，但诠释的语词不一定相同。这就是说，针对同一个客观对象，可以用不同的语句进行诠释，而使用不同语句的说话者之间是可以相互理解的。这说明了两种语言间是可以相互诠释的，而这种相互诠释是基于一个共同的客观存在。戴维森认为：

> 我们的客观性观念是另一种三角测量的结果，这种三角测量要求有两个生物。每个生物与一个对象发生相互作用，但是给予每个生物事物客观存在方式这个概念的则是

第三章 翻译与诠释

通过语言在生物之间形成的那条底线。只有他们分享一个真理概念这个事实，才使下面的断言具有意义：他们具有信念，他们能够在一个公共世界里为对象指派一个位置。(Davidson, 2001b7: 105)

因此，三角测量构成了一幅使生物认识客观世界的可能性，并通过共享真理概念，使语言交流，使不同语言间的诠释成为可能。相似生物在公共世界里为对象指派位置，这就意谓相似生物的信念是由他们所存在的一个共同拥有的世界中的相同对象和事件引起的（方兴，2010：161）。语言文化的差异并不妨碍相似生物相互之间的沟通，只要我们的信念是由相同的对象所引起，只要我们表达了相同的真理，表达了关于客观世界的普遍一致的真理，我们就可以彼此诠释，因为语言具有同等的表达力。

为理解另一个人的话语，我必须能够与她想同样的事情；我必须分享她的世界。我不必在所有事情上与她意见一致，但是要与她产生不一致，我们必须拥有相同的命题，这个命题具有相同的主题，含有相同的真理标准。那么交流就为每一个交流者拥有，并正确地认为另一个人也拥有一个共享的世界的概念，即一个主体间性的世界概念。但主体间性的世界概念是一个客观世界的概念，这是每一个交流者关于它都可以有信念的世界。(Davidson, 2001b7: 105)

这又一次说明，主体间真理概念的共通性是语言理解得以进行的基础和保障。如果不同语言的两个语句表达了一个相同的真理概念，这个真理概念是为我们所理解的同一个真理谓词的外延，那么这两个语句就是可以相互诠释的。

第三步，从翻译与诠释的关系看两种语言间翻译的可能性。

对于翻译与诠释的关系，语言学和哲学似乎早已达成共识：翻译即诠释（Jakobson，1959，Palmer，1969，转引自王宾，2006：3）。

戴维森认为，将你的语句翻译为我的语句的基础（因此也是比较我们的感觉刺激的基础），依赖于共享的外部状况，它引起了我们不同的刺激，也引起了我们的词语的反应（Davison，1991：75）。共享的外部状况，共享的真理概念使两种语言间的诠释成为可能。那么，只要掌握了必需的语言知识，两种语言间的翻译就是可能的。

翻译与诠释是相互渗透的，翻译是两种语言间的不同层次的诠释。翻译通常包括以下几种形式：第一种，形式与内容一一对等的翻译（包括各个层面的对应），是用一种语言对另一种语言的对等的诠释。第二种，翻译是对原文的解释。如对《圣经》的翻译，我们不可能用古代汉语来进行，我们的读者是现代人，我们必须用现代语言来进行描述和翻译。翻译在忠实原文的基础上，要按照目标语/译文的语言规则来表达原文的思想。不同语言之间的不完全对等性造成了翻译对原文是一种不同程度的诠释。从这一点来看，翻译即诠释。第三种，翻译是一种再创造。翻译是一门艺术，是语言艺术的再创作，是创造性的诠释。翻译在对原文的诠释过程中，会或多或少地印上译文的特征或译者的风格。在对文学作品的翻译中，不同译者会有不同的版本,这也从另一个角度证实了翻译的不确定性。这些版本虽然没有哪一个是唯一正确的,却有好坏之分,各具特色,甚至存在这样一种状况,译文比原文更精彩。将原文的核心内容通过译文的形式,音韵等方式更加形象地表达了出来。

我们知道,翻译的实质是对语言意义的翻译,翻译必须在语言交流中把握意义,为了阐释清楚如何在语言交流中把握意义,我们仍然回到蒯因的彻底翻译思想实验中。语言学家在原始丛林中看到兔子跑过,土著人大叫"Gavagai",于是语言学家便在翻译手册上记录下"gavagai"(兔子)、"gavagai"(兔腿)、"gavagai"(兔性)或"gavagai"(兔子跑了)。不同的语言学家在相同场合的翻译记录是如此不同,以至于不同翻译手册之间互不相容。这种在语言交流中来把握的意义,即使面对相同的语言刺激与反应,但由于不同语言学家观察的角度不同,对语境因素的各个方面的侧重点不同,必然呈现出意义理解的不确定性,由此导致翻译的不确定性。但问题是,蒯因说的两本翻译手册的互不相容性其实是指意义的不确定性,这种不确定即使在同一种语言内部仍然存在,并非由于两种语言间的转换这种特殊形式造成的。而且,即便有多种的不确定性,即不仅仅局限于只有一种翻译手册,通过上述戴维森稳定的、因果的和社会的三角测量模式,我们也知道,诠释不确定与翻译不确定是由于生物1和生物2的主体因素及社会文化因素所造成。翻译和诠释具有多种可能性,但翻译手册到底是形成了,多种可能性是可供我们选择的。因此,这种不确定性并非不可译性,已经编撰成的翻译手册就说明将一种语言翻译成另一种语言是可能的。

第四章

翻译不确定性与翻译理论及实践的相关性

第一节 翻译不确定性与翻译理论的关系

翻译不确定性论题本是一个关于意义的语言哲学论题,由于翻译的本质是不同语言之间意义表达方式的转换,这一前理论的论题与翻译本身密切相关。关于翻译不确定性揭示的意义不确定性是否预示着不可译性的问题,学者们有各自不同的看法。本节主要谈论翻译不确定性与可译性及不可译性三者之间的关系。

一 翻译不确定性与不可译性

有人将翻译不确定性与"不可译性"等同起来,认为由一种语言表达的信息不能翻译成另一种语言。持"不可译性"观

第四章 翻译不确定性与翻译理论及实践的相关性

点者认为,每一种语言都包含了一种独特的"世界观",不同的"世界观"之间无法相互转换(Gumperz and Levinson,1996)。

通过上一章的论述我们知道,由于人类共享真理概念,两种语言间是可以相互诠释和翻译的。我们承认翻译不确定性但对"不可译性"要进行具体的分析。

说不可译要看针对的是什么标准,如果将时间和空间这样的标准也算在内,那么,没有任何东西是可译的。鞠实儿认为:

> 不可译是有两种情况:第一个我是坏人因为我比雷锋差;第二个我面临着无数个可能性选择,我可以做这个也可以做那个。一个是以可能性为标准的坏人,一个是以实在论为标准的坏人。因此不可译的问题无须假定一个标准说它不可译,我们总是有可能这样翻译也有可能那样翻译,没有绝对的标准说哪一个对哪一个错。(王宾,2006:135)

不可译总是针对某一个标准来看的,但标准是可变的。我们会根据翻译目的的不同而制定不同的翻译标准,既然标准可变,一定标准下的"不可译性"也会变为另一标准下的可译性。但是,以宽泛的翻译标准来看,"的确就没有什么东西是真的不可译了:因为只要译者能懂,也能设法让读者看懂,就能译出"(杨晓荣,2005:101)。

所谓"不可译"的表现形式有多种。

第一,由于特定时间不可重复导致的不可译性。"每个语用事件发生时,特定的'时间性'是不可重复的,它必然影响意义,不可重复。翻译要重复,完全靠 T(译语),靠译者的想象力,将不可重复的东西糅进去,在翻译上这是绝对不可译的"(王宾,2006:168)。斯坦纳(Steiner,2001:256)认为,"严格来说,说出的任何话都是无法完整地重复的(因为时间已过去),翻译是对不可译性间接的妥协"。如曹雪芹写《红楼梦》的特定时间是翻译成任何其他语言都不可重复的,这样的"不可译性"(如果可以叫作不可译性的话)是必然的。

但是王宾(2006:18-20)又认为,蒯因通过彻底翻译的思想实验论证的翻译不确定性讲述了"语用事件的不可重复/必须重复之悖论",满足了影响和决定翻译行为的"临在"① 性的必要条件之一,即原文产生时那种特殊的个人化的情境:一种绝对不可重复的语用事件"必须通过译者在另一社会文化上下文中的想象来重构,从而导致了另一处语用事件"。"重构的可能性,是建立在头一个语用事件的不可重复/必须重复这个悖论之上的"。这一观点从另一个角度支持了可译性。翻译不确定性从理念上说是有根据的,从语用的实践上来看也是成立的,但翻译不确定性并非不可译性。

第二,翻译过程中主客体因素导致的不可译性。翻译过程中的主体因素包括译者的生活经验、知识层次、母语水平、文笔特色以及情感因素等个人才智。这种主体因素会造成译者"对社会文化上下文的独特回应"(王宾,2006:18),从而对原作的转换产生影响。客体因素是指原作意义表达的模糊性,特别是文学作品,"翻译的客体本身就充满了认识的空隙,叫译者

---

① "临在"是与"超验"相对的概念。指无时不在,无处不在,即存在于时间和空间的每一处。因此,它与经验相关,但又不等于每一次经验。

第四章 翻译不确定性与翻译理论及实践的相关性

如何是好！能对他求全责备?!"（黄忠廉，2000：142）这种主客体因素中的个体性特性及认识性问题也导致了原文某种程度的不可译性。

但从人类共享客观世界及认知的一致性来看，这种不可译性仅仅表现在翻译过程的信息量不平衡：既有原文信息的丢失，也有译文新增加的信息。黄忠廉（2000a：145）将原文到译文过程信息量的不守衡比喻成"奔赴战场的勇士，无论是胜利而归，还是失败而还，他不是面带困倦，就是满身伤痛"。但无论如何，勇士仍然是勇士。究其实质而言，这一层次的不可译性或不确定性，是由意义的模糊性以及理解的多样性导致的翻译不确定性。

第三，语言本身的不可译性。这是由语言表达的特定形式或特殊意义导致的。当某一信息的表述形式是该信息所含意思的实质性成分时，要把这种意思从一种语言译成另一种语言就很困难。通常这种类型的意思是不可译的（Nida and Taber, 1982）。由语言文字固有特性的表达造成的不可译，包括语音上的押韵、谐音双关、绕口令、文字上的对仗、拆字、字谜、回文、顶真等现象。这是特定语言形式专有的，可称之为元语言不可译现象。还有一种现象是文学语言的不可译，如诗的格律、诗的离合特征、有意采用的头韵形式、不同语言之间就是没有对应的关系等。

但是，根据宽泛的翻译标准，只要译者能够理解，就能想办法使译文读者理解。从理论上讲至少有两种方法对这种情况进行处理，一是"不翻"或"零翻译"法，是将原文中的表达通过植入或音译直接引入译文的方法。二是转换翻译法，从不同的角度找到与原文语用功能相当的表达法。"零翻译"法不仅较好地保存了源语的语言特性,而且是一种求同(整体)存异(局部)的翻译策略。而转换翻译法虽然在语义上有一些差异,但语用功能相同。两种方法均使语言的可译性得以维护。总的来看,只要译者理解了原文,就可以通过变通的翻译策略,使译文读者最大限度地了解原文,从而将"不可译性"转变为可译性。因为"形式意义或局部意义的丧失并不影响主要意义或整体意义的传输,某一层面的不可译不影响总体可译性原则的实现"。"绝对的不可译是不存在的,只有相对的局部的'不可译',而这种不可译是可以加以弥补的"(赵明等,2005:127)。

第四,文化不可译性。文化不可译性产生的原因是"与原语文本功能相关的语境特征在译语文化中不存在"。由于特定的历史文化因素,在一种语言中某一表达式的联想意义在另一种语言中却不存在。因此,在两种语言的转换过程中找不到对等的翻译。

对于语言文化之间的这种不可通约性,罗国清(2011:126-127)认为,"不同语言文化之间的交流是否有效取决于人们的交往观","当人们即时转换自己的文化身份进入对方语言文化换位思考时,交往中的不可通约性和不可译性就不复存在了"。杜争鸣认为:

> 任何一种民族文化现象,既是该民族特有的,又是人类所共有的。各民族的文化可以相互移植、融合,从而形成全球主义文化观。语言与文化一样,都是开放的体系,都具有自由的包容性和重组的可能性。语言与文化现象不

译而能被接受，必然另有解释或说明，而这种外在的解释或说明实际上也属于广义的翻译。所以，我认为翻译有"内在"与"外在"之分，内在不译的可以有外在的释义，此处不译的彼处可有解释。文化交流中的翻译始终是一个连续的过程。（杜争鸣，2000：225）

"外在的释意"和"彼处的解释"帮助人们克服文化差异造成的翻译障碍，维护了语言的可译性。另外，国际交流的不断推进促进了不同文化之间的相互了解，文化上的"不可译"也可通过类似处理语言不可译的变通方式，以零翻译以及转换翻译等方式来解决。

二 翻译不确定性与可译性

翻译不确定性与可译性是共存的，翻译是可能的，又是不确定的。陈波（1998：149）指出，翻译不确定性"这一论题所说的不是人不可能达到唯一正确的翻译——所谓的不可译性，而是本来就不存在唯一正确的翻译"。

共性论者斯坦纳（2001：259）认为，"共同的人性使翻译成为可能"。奈达与泰伯（Nida & Taber, 1982：4）说，"一种语言所能表达的东西，必然能用另一种语言表达"。中国哲学家"贺麟认为翻译是可能的，因为'道'、'体'（真实世界）是可以认识的，而'道'、'体'以'意'表达，因为'道'、'体'对于所有人类是共通的，所以'意'也可以在各种语言中得到保留"（罗国清，2011：89）。

本雅明认为，以象征形式存在于语言作品之中的纯语言是终极本质,"它负载着深邃的、不同的意义"。而翻译最了不起、也是唯一的功能,就是将"纯语言从这种重负中解脱出来,将象征物转化为被象征物,在语言的长流中重获纯语言"(瓦尔特·本雅明,1999:81)。也可以这样理解,"相对于原作将意义从物中解放出来,译文或翻译则是由语言将意义从语言中解放出来"(冯文坤,2009:273)。译者将意义从原语言中解脱出来之后,势必将它与目的语相结合,与目的语的社会历史文化相结合,与译文的潜在读者以及译者的个体特征相结合,这样的结合最终导致译文的产生。因此,作品的诞生就意味着它的可译性。

赫维(Hervey,2001:10)说,"透过文化的界限来看在另一人类社会中发生的交际行为时,无论在第一眼看来怎样奇怪与神秘,都不会超越人类的想象力"。"一种文化中人们的行为可以被另一文化中的成员所想象,即使他们并没有那样做。"也就是说,不同的行为并不阻碍人类的想象能力,并不影响人们相互之间的理解。因此,人类的交流具有普遍性,所谓的"不可译"其实是理解了那个语言的意义的,困难的是没有找到最准确的译语。这样的话,"不可译"便成为可理解的了,可理解就是可译的,只是以什么样的形式和达到怎样的程度而已。如此看来,可译性是肯定的,只是可译或不确定性的程度不同而已。

我们再来看 gavagai 的例子,离开了土著人,脱离了语境,就失去了意义的根基,我们永远无法翻译。但是,根据土著人发出"gavagai"的具体情况,选择最有可能的三个:兔子、兔子的一部分,某个时间段都合理。反复观察测试,将不同部分

第四章 翻译不确定性与翻译理论及实践的相关性

遮住，看土著人是否还说"gavagai"，如继续，最有可能是说的兔子整体。最后比较而言，兔子最为接近或相对准确，于是将兔子对应"gavagai"列入翻译手册中。另外，根据戴维森的彻底诠释观点，"一种语言的一个语词或者一个语句可以被翻译成另一种语言中的一个语词或者语句，当且仅当它们表达了相同的客观的真之概念"（方兴，2010：297）。因此，翻译是可能的，翻译不确定性并非不可译性，而是如何根据翻译标准看可译的程度。

从诸多的翻译理论和翻译评价模式中，我们也不难看出翻译不确定性与可译性之间的关系。

从异化翻译与归化翻译的共存来看。在韦努蒂（Venutti, 1995：19-20，转引自谭载喜，2005：59、79-80）看来，异化翻译是指译者尽可能不扰乱原作者的安宁，让读者去接近作者；而归化翻译则是指尽可能不扰乱读者的安宁，让作者去接近读者。两种翻译方法各有其合理之处，它们的同生共存也是翻译不确定性与可译性关系的最好解释：各类文本是可译的，但可采用的方法与途径有多种。

朱莉安·豪斯（House, 1986：188，转引自何三宁，2008：77）的显性翻译（overt translation）和隐性翻译（covert translation）评估模式是基于原文文本和译文文本功能的异同来划分的。"显性翻译"指译本必须明显是翻译文本。这要求译本完整地保持原文的功能，从字面上看是相对原文的直接编码过程。而"隐性翻译"则是指译语中拥有与原文同等地位的翻译，使原文在译语中获得功能等值。显性和隐性之分说得更简单一些，就是是否进行了"文化过滤"，即"文化过滤"是造成翻译不确定性的主要原因之一。这在成语翻译中较为突出。"Curiosity killed the cat"翻译为"好奇杀死猫"为显性翻译；译为"好奇致祸"是经过了文化过滤，应视为隐性翻译。显性也好，隐性也罢，都是译者从不同的角度对原文的翻译，是呈现给译文读者不同形式的翻译，是在可译性基础上的程度不同和角度差异。

起源于20世纪70年代末80年代初的翻译目的论（Skopos Theory）认为翻译过程中应以目的为导向，因读者而异。译者可以根据译文读者的不同而灵活处理翻译文本。翻译不应该被看作重新编码的相同信息，而是由译者原创的新的东西。

> 弗米尔（Vermeer）认为，该理论的总体规则是目的语文本的目的决定着翻译的方法和策略，即目的性规则（Skopos rule），也就是说，人类行为或翻译行为是由其目的决定的，这就是目的功能。这种功能途径的核心是，译文无需达到源语文本所能达到的功能，也无需起到原语读者对原语文本的效果来决定译文的过程，而是以客户的需求来决定预期功能或者目的语文本的目的。（何三宁，2008：164）

目的不同，对译者的要求不同，翻译就会呈现多样性。因此，翻译方法是开放的、多元的，翻译的策略丰富多彩。许钧认为：

> 翻译是因异而起的，我们翻译的目的就是保存异，如果不保存异，翻译就没有任何目的。打破语言之异，保存

思想之异和意义之异。因此我们对待异有三种态度：一种是异国情调的向往的求异；一种是平等看待；还有一种是异己异端地对待异，排斥差异。（王宾，2006：187－188）

不同的对待异的态度会导致对同一文本不同的翻译策略与译文的不确定性。但无论有怎样的异与不确定，译者都力图从不同的角度达到最接近原文的翻译。

经过长期的研究和探索，翻译理论家们基本达成了共识；翻译是可能的，但翻译的限度是客观存在的，翻译具有不确定性。

三 可译性与不可译性

不可译性是指无法将源语（source language）翻译成目的语（target language）。早在14世纪，意大利诗人但丁就说，通过翻译，原诗的许多特征，如韵律和美感都会在译文中流失，因此，文学作品是不可译的（Robinson，2006：239）。持不可译性观点的有18世纪末德国语言学家洪堡特以及二十世纪意大利美学家、文学评论家克罗齐等。"萨丕尔－沃尔夫假说"（Sapir-Whorf Hypothesis）的语言决定论（语言决定思维）和语言相对论（说不同语言的人以不同的方式感知、思考和认识世界）以及库恩的"不同范式之间的不可通约性问题"（incommensurability）（Kuhn，1970）为"不可译性"提供了理论支持。

持可译性观点的人认为由任何一种语言表达的信息都可以翻译成另一种语言，可译性是由人的共性所决定的。人类拥有共同的大脑生理结构并共享客观世界，人对客观世界的认识虽然是通过不同约定的语言表达出来的，但内心的经验对所有的人来说都是相同的，由这种内心经验所表现的对象也是相同的（陈嘉映，2003：8）。较早明确提出可译性观点的是欧洲中世纪意大利一位翻译理论家阿雷蒂诺提，他认为，有效的翻译在任何两种语言之间都是可能的。"他的这一观点在二十世纪得到了强调语言共性的现代语言学家和翻译理论家如费道罗夫、雅各布逊、奈达和纽马克的继承和发挥"（却正强，2010：60）。维也纳学派逻辑实证主义者及戴维森也持可译性观点。语言的共性论为可译性提供了理论依据。

可译性与不可译性的关系是辩证的。"能用一种语言说出的任何内容都能用另一种语言说出，除非形式是信息的基本元素"（Nida and Taber，1982：4）。翻译是可能的，同时又是不可能的。"可译/不可译是无法分离的共生现象，是揭示/遮蔽同时发生的悖论性活动"（王宾，2006：96）。二者相互融合，不可分离。因为"从主体间性的认识论出发，那些看似'不可译'的语言、文化现象天生就带有'可译'性的语言哲学基础"（李佩瑶，2015：126）。不可译性说得最多的莫过于文学作品的形式问题，但本雅明认为，无法在形式上对应的诗歌，却具有相当的"可译性"，因为传达了相同的人类情感。"可译性是作品的生命力——通过翻译延续生命的能力"（贾欣岚、刘轶菲，2015：449-450）。倪梁康从思想与语言的转换角度来谈可译与不可译，他说"如果我们说思想的转渡需要从思想内部语言到外部语言，然后再用另一种外部语言转换成内部语言到思想，这里转渡是一连串的过程。如果说不可译，思想转向语言都是

第四章 翻译不确定性与翻译理论及实践的相关性

不可译的。如果说可译,两种语言也是可译的"(王宾,2006:138)。卡特福德(Catford,1965:93)认为,"从直接感知来看,可译性的确是一个渐变的连续体而不是一个截然的二分体。原语文本和表达并非绝对的可译或不可译,而是可译性的程度不同"。"德里达认为不可译性主要源自翻译无法在利用语言共性和保留语言差异性之间找到平衡","共性与个性的对立使得翻译无法完成原文与译文的完美转换"(贾欣岚、刘轶菲,2015:450)。由此看来,可译性与不可译性是相对而言的,可译性是有限度的。

可译性与不可译性是整体与局部的关系问题,是局部的不可译和不确定性与整体的可译性和客观性的关系。语言中的个别要素不可翻译,也不能成为不可译论的依据。"翻译就应该从原文的整体出发,而不应该从原文的各个单独要素出发"(费道罗夫,1958,转引自郭建中,2010:57)。因为在各个单独要素中不能翻译的东西,在复合的整体中是可以翻译的;"个别语言单位的不对应,可以寻求相对应的其他语言手段,或在话语的上下文中表现对应"(王德春,2002:606)。而"翻译必须遵循的一项原则是:各个成分服从整体,低层次的语言单位服从高层次的语言单位"(巴尔胡达罗夫,1985:10,转引自郭建中,2010:57)。正如我们在阅读过程中对局部的不理解与不确定可以通过全篇甚至一本书的整体把握来理解与确定一样,局部的不可译最终可以在整体的环境中呈现可译。因为"可译性是指用译语表达原语承载的信息,而不是个别语言单位的一一对应"(王德春,2002:605)。

可译性与不可译性是恒定与暂时的关系。因为翻译史和翻译实践告诉我们，随着两种语言和两种文化接触的增加，原来"不可译"的东西，现在变得"可译"了；同样，现在"不可译"的东西，由于语言的变化，也由于解释手段的改进，以及接受能力变得更为敏感，在将来就会变成"可译"的了（Steiner，2001：262）。汪堂家（2001：16）认为，"可译性是不可译性的暗示，是不可译性的索引。随着认识的深化和语言自身的衍生性，不可翻译的东西最终仍可转化为可翻译的东西"。像"sofa"（沙发）、"clone"（克隆）及"hacker"（黑客）这样的技术性词语以及"功夫"（KungFu）、"阴阳"（Yin-Yang）及"carnival"（嘉年华）这样的文化性词语在最初的翻译和介绍过程中，译者在理解这些词汇时，头脑里试图找到目的语中的对应词，但都不满意，于是便采取"音译"这样的补偿策略。虽然最初的接受度比较小，但随着经济、技术及文化交流的进一步加深，新技术与异国文化在世界各地传播开来。而技术与文化的接受也就意味着对此类翻译的接受与可能。正如杜世洪（2007：52）所说，"一切在当下不可译的现象都具备可译的潜势"。

我们肯定可译性，因为人类翻译活动悠久的历史就是最好的见证（夏廷德，2006：31）。但我们同时又承认翻译有好与坏的程度之分，而翻译的好坏问题不是真假问题。王庆节说，"翻译需要理解，理解的逻辑不是一个真值逻辑的问题，也就是说翻译不是对或错（true or false）的问题，而是更好或更坏（better or worse）的问题，但也不假设有一个最好的。这是一个好坏的逻辑问题"（王宾，2006：144）。

第二节　翻译不确定性与翻译实践的关系

西方有学者批判翻译不确定性理论是"走了斜道，是蒯因船上一块腐烂的木板"（Kirk，1986）。中国也有学者认为"这一理论与翻译实践似乎距离太远，对翻译实践并无多大帮助"（李文革，2004：111）。但是，更多的学者从不同角度借鉴、反思以及批判这一论题。霍桂桓认为，如果翻译在经验层面上追求完美，便可造成不可译性或不确定性（王宾，2006：110）。

多里特·巴-恩（1993：787-791）将翻译不确定性与翻译实践的关系归纳为词语、语法及语用三个方面的不匹配。黄忠廉（2000a，139-145）认为以下六个方面造成翻译为"似"的必然：主体主观因素、客体因素、文化因素、思维因素、信息量因素以及社会历史因素。

本节参考多里特·巴-恩及黄忠廉的分类，将主要从语音语形、词语意义、语言结构、语用、思维模式以及文化层次六个方面讨论翻译不确定性与翻译实践的关系。

一　语音语形不匹配

由于两种语言中语音语形的不对等而引起的翻译不确定性包括口音、方言及语音语形游戏等。

口音是指与标准语音不同之处，有地方口音、社会方言腔或外国人说话的口音。如英式英语和美式英语的口音在翻译中是无法表达出来的，四川人及广东人说的普通话（川普及粤普）、日语的大阪口音等，在翻译成外语时也无法形象地表达出来，只能在括号中注明带着什么样的口音。但这样的方式会丢失部分信息，而这种信息往往正是原语所要重点表达的。

地方性文学作品以浓郁的地方色彩吸引读者，其中的重要表达手段为作品中人物的方言土语。以重庆方言为基础的地方影视作品《傻儿师长》及《山城棒棒军》中有许多富有地方特色的表达法，当地人称之为"重庆言子"。如"麻麻杂杂的"（表示不清楚或蒙混别人）、"弄巴实"（指把事办妥帖）、"悬吊吊"（指不稳妥）、"瓜兮兮"（指表情尴尬）、"神戳戳"（指表现不合常理）及"相音"（便宜）等。这种带有浓郁地方色彩的表达在翻译成其他语言时只能译出大致的意思，但其中的韵味却很难表达出来。美国的黑人英语和苏格兰地区的方言作品也很难在其他语言中体现出来。费道罗夫（1958，转引自郭建中，2010：61）说："只有那些具有鲜明地方色彩的方言词语或是与本地条件有关的社会色彩的行话，才是不可翻译的。这些词表示的地方色彩的作用是翻译不出来的"。译者在具体操作这些实例时只会采用折中的办法，从而引起翻译的不确定性。

以语音为基础的语言游戏会造成翻译的困难，典型的例子有赵元任先生写于1930年的设限文章《施氏食狮史》。

> 石室诗士施氏，嗜食狮，誓食十狮。适施氏时时适市视狮。十时，适十狮适市。是时，适施氏适市。氏视是十狮，恃矢势，使是十狮逝世。氏拾是十狮尸，适石室。石室湿，氏使侍拭石室。石室拭，氏始试食是十狮尸。食时，始识是十狮尸，实十石狮尸。试释是事。

第四章　翻译不确定性与翻译理论及实践的相关性

这篇文章由 92 个汉字组成，每一个汉字的读音均相同，但声调、字形及含义各异，文章巧妙的结构及新颖的表达突出表现了汉字以形表意的功能。如果听音将无法理解原意，只有通过阅读书面文字才能把握其意。虽然每一个字的普通话发音都是"shi"，但汉语特有的平仄上去四种声调以及卷舌音等现象贯穿全文，翻译成其他语言时很难全面传达原文的意思。译者只能采取变通的方法进行释译，不确定性由此而生。

语音语形方面的例子还有很多。试看以下的英汉语字谜：

例 1
What makes a road broad?
The Letter B

例 2
What flower does everybody have?
Tulips. (Tulips = two lips)

例 3
Which is the strongest day of the week?
Sunday, because all the others are weekdays.

例 4
八字都还没一撇呢。

例 5
猴子身轻立树梢。（荔枝）

这样的文本是由英语或汉语的特定音形构成的特殊的字谜意义，我们只能采用以下的变通译法：零翻译加解释的方法或转换翻译的方法，尽量使译文保留原文的特性。

例 1 译文

什么东西可以使门变阔？／什么东西可以使 road（路）变 broad（宽）？

"活"字／字母 B。（罗国清用例，2011：120）

例 2 译文

人人都有的花是什么花？

泪花／郁金香。（罗国清用例：2011：121）

[注：tulip（郁金香）与 two lips（两片嘴唇）谐音。]

例 3 译文

一星期里哪天最长？

星期天。因为其他几天都弱。

（Weak 与 week 均发同一个音，译文无法传达原文的幽默和谐趣。）

例 4 译文

There's no sign of anything happening yet. / Nothing has been done so far.

例 5 译文

The monkey's tail reaches from tree - top to ground. (Longan)（霍克斯译）

The monkey, being light of limb, stands on the topmost brand. (Lichee: homophone for "stand on branch")（杨宪益、戴乃迭译）

以上几个例子显示，语音语形的不匹配可通过解释加注释的方法弥补，如例3、例4以及例1、例2和例5的第二种译法。但这样的翻译牺牲了形式，造成了原文与译文的不完全对等。还可以通过转换翻译的方法，如例1、例2及例5的第一种译法。这种译法是用译文语言的妙替换原语的妙，以达到功能对等的目的。

二 词汇意义歧义与不匹配

词汇层次的歧义与不匹配包括：含义不同、词汇空缺、分类不同、成语和习语、见次频率、特殊表达式、双关语、幽默笑话等。语言之间词汇的意义并不是一一对等的，甚至存在概念缺失，因此在翻译过程中往往找不到与源语词汇相应的或完全对等的目标语词汇。在希伯来语中"hamsin"特指当地的一种气候条件，如果翻译成其他任何语言都不能找到对应的语词。因纽特人生活的地方气候寒冷，当地语言中有多个词汇表示雪的不同状态，翻译成其他语言时也会构成类似的障碍。马达加斯加语"kabary"表示一种特殊的仪式，这是一种在特定典礼场合的正式演讲，因此在其他语言中找不到对应词。比较典型的例子还有，纳瓦霍语的三个基本颜色词汇对应英语的六个词：licii—大致对应 red；lico—orange + yellow；dootl'izh—green + blue + purple（Catford, 1965: 51）。假设将一个英语句子"I want to paint my car blue"翻译成纳瓦霍语，只能用"dootl'izh"一词，或者加注解释"dootl'izh"与源语词汇的差异。反过来，将同一语句从纳瓦霍语翻译成英语也会遭遇同样的困难，无论用"green"、"blue"，还是用"purple"翻译"dootl'izh"都不准确。还有法语的阴性词 elles 几乎不可能在目标语中找到直接对应的词汇表达。在他加禄语（菲律宾语的基础）中，没有与英语单词"feminine"（女性的）及"domestic"（国内的）对应的词。而他加禄语中表示害羞、尴尬、羞耻及差异的词汇"hiya"以及表示与他人相处及顺从的词"pakikisama"也很难译成英语（Samovar，2000：133）。汉语中的"道"、"气"、"阴"、"阳"等，在其他语言中也难以找到对应的译法。英语的"cousin"与汉语的表/堂兄弟姐妹的一对多的关系，在翻译过程中只能根据语境来推测。

在翻译实践中，遇到这一类的语词只能通过解释的方法或如上述例子提供一个最接近源语指称意义的目标语词。这样的部分对等及不确定性在翻译中会造成信息的丢失，因此就很难达到准确了。

利奇（Leech，1981）认为，意义有七种类型：概念意义、联想意义（内涵意义、社会意义、情感意义、反映意义、搭配意义）及主位意义。我们在翻译过程中最容易丢失的是联想意义。

英语中"olive – branch"的联想意义为和平，汉语中的对应词"橄榄枝"就没有这样的联想意义。又如，英语词汇"woman"对应的汉语词有女人、女性、妇女及女子，这几个汉语词汇具有不同的联想意义。究竟哪一个词最符合原意就需要通过上下文来具体分析了，下面的三个英汉对比的例子可以说明这一点：

例 6

woman and children / 妇女和小孩

例 7

Woman is physically weaker than man.

女人(性)的体力较男子(性)为弱。

例 8

There is not much of the woman about her.

她身上缺少女子气质。

(例 6-8 摘自陆谷孙主编《英汉大词典》第 2 版,2007)

汉语的"大哥"即使翻译成英语的"eldest bother"或"big brother"也会失去它的联想意义,即表示尊重与亲密。因为"大哥"一词在汉语中不仅用于家庭成员之间的称呼,也用于称呼受自己尊重的朋友(Jin and Nida,1984:65)。

源语及目的语都存在着一词多义和多性的特点,又由于词序灵活多变,因此,我们在翻译时不可机械地寻找对应译法,而要将源语的词义在思维层次转换成目的语的概念结构,再用可接受的目的语表达出来。这一转换过程包含着多种不确定性的因素,因为即使是采用"零翻译"的策略,也存在着"移植"及"音译"等多种选择。

三 语言结构歧义与不匹配

由于不同的语言看待世界的方式各不相同,它们形成的语言结构差异也是显著的。有些语言在处理英语的定语从句时必须翻译为两个句子,如马达加斯加语。而汉语多将这类句型翻译为并列结构、限定结构和主谓结构。英语句子"He gazed out of the open door into the garden"与法语句子"Il a regardé dans le jardin par la porte ouverte"由于句法结构不同而引起了意义的差异(Mounin,1963,转引自郭建中,2010:65)。雅各布森曾说,"当一种语言中存在着某种语法范畴,而另一种语言中却不存在这种语法范畴时,如果把后一种语言译成前一种语言,要忠实原文就比较困难"(Jakobson,1959,转引自郭建中,2010:66)。如将英语句子"I hired a worker"翻译成俄语,就会有一系列的选择。翻译的不确定性在语言的性和数等语法形式方面表现突出。在希伯来语中,代词、动词和形容词都有性别的差异。当在房间里听到同伴与第三人通电话时,只需通过同伴的语言便可辨别电话另一端的人是男是女。如当听到"At olekhet la-universita mahar?"时,便可知道同伴在问一个女性朋友"明天去学校吗?",但这一汉语翻译句并未准确传达原意(Bar-On,1993:790)。

在汉语、日语及朝鲜语中没有与"who"、"which"、"that"及"what"等相对应的英语关系代词,因此,在翻译过程中需进行语言结构的调整。汉语和英语多用的句型结构为主-谓-宾,而日语则为主-宾-谓结构。英汉语序一致的句子"我喜欢玫瑰花"(I love roses)翻译成日语时就成了"我 — 玫瑰 — 喜欢"(私はバラガすきです)。日语中用于与长辈、上司及初次见面者交流的敬体和用于熟人和朋友之间交流的简体结构在汉语和英语中都找不到对应的成分,只能通过语气等方式达到相似的语用效果。

英语主客观二分的哲学观与分析性思维模式反映在句型上就是认识主体与客体的完整性,因此英语为"主语-谓语型"语言,句型结构中没有无主句。而汉语受整体哲学观及综合思

维的影响,认识主体常常不出现在汉语的语言表达中,于是就有了汉语的无主句。如例9-11:

例9
不努力就不会成功
One can never succeed without making great efforts.
例10
累得我走不动了
It makes me so tired that I cannot walk any more.
例11
剩下的时间不多了。
There is very little time left.

以上三例汉语的无主句在翻译成英语之后都分别加上了主语成分"One"、"It"和"There is",因此,英汉两种语言的这一类句型结构是不匹配的。汉语的定语修饰部分多为前置,被称为左分枝结构,而英语的定语从句是后置的,如下例:

例12
一个不向别人学习的人是不能指望有多少成就的。
A man who doesn't try to learn from others can't hope to achieve much.

汉语句的主语为"人",它的修饰成分全在左侧;而英语主语"A man"位于句首,修饰成分由关系代词"who"引导置后。英汉两种语言的结构差异还表现为：英语主要通过词汇本身的形态变化（数、时态、语态等）来表达语法意义；而汉语则是通过词序、虚词等手段来完成的。英语语法是"显性"的，表现为"刚性"；而汉语语法则是"隐性"的，表现为"弹性"。英语的话语组织为"形合"，而汉语则为"意合"（潘文国，2004）。英语的形合手段包括关系词、连接词、介词及形容词比较级；而汉语的意合则是通过语序和紧缩句的方式来实现的。英语的突显语序特征为：先表态，后叙事；先结果，后原因；先前景，后背景。而汉语语序则恰恰相反。英语句子结构是立体的，汉语则为平面的。英语紧凑，汉语疏散。英语为主语显著，汉语则为主题显著。英语句子多平行，汉语则多对偶（杨丰宁，2006：46-167）。我们在进行英汉互译时，必须考虑到这种语言结构的歧义与不匹配，将英语的特征性语句翻译为汉语的特征性语句或相反。这样的转换势必造成两种语言的非一一对等，并且在语句的细节处理上引起多种的不确定性。

四 语用不匹配

在日语日常会话中，如果直接称呼对方"あらた"（你）表示两人的关系非常亲密，而汉语和英语就没有这样的语用规则。因此，在英日或汉日翻译过程中，需要借助其它的表达法以免引起误会，如称呼对方的名字或职务等。法语中使用"Tu est malade"（你生病了）这一表达法暗示说话者与听话者之间关系亲密或具有相同的社会地位，但此表达的英译或汉译句就没有这样的暗示。如果一个译者要将英语的"You are sick"或汉语的"你生病了"翻译成法语，他就必须要了解相关的信息

第四章　翻译不确定性与翻译理论及实践的相关性

背景，但是源语言中未必能够提供这样的信息，因此，"翻译注定是要误导、扭曲或向目标语接收者揭示更多的信息"（Bar-On，1993：791）。又如，在美国年轻人中，第一次见面时便可直接称呼对方的名；而在中国，不加姓氏直呼对方名字需要双方比较熟悉时才合适，对于单名来说，这样的称呼更要慎重。但根据曲卫国（2012：159）的研究，近年来以名面称方式突破传统的家人、亲属、亲友范围而出现扩展态势，这种现象可能和交际人受英语的影响有关。又如英语的"play with"一词如果描述的是成年男女之间，则有暧昧之意，在翻译过程中需特别注意。众所周知，汉语中的寒暄语如"吃饭了吗？""你去哪儿？"等在译成英语时需转换成具有相同语用功能但语义却完全不同的表达法。汉语的"对不起"在语义上对应英语的"Excuse me"和"Sorry"，但这两个英语表达法在语用上却有明确的分工："前者可用于向陌生人打听消息，用于请求打断别人发言、退席、让路，用于发出不由自主的声响（如当众咳嗽、打喷嚏），演讲、诵读时出错等；后者一般用于冲撞冒犯人之后的道歉"（唐红芳，2007：133）。"homely"一词在同样使用英语的英国和美国有着不同的语用意义，在英国说女士 homely 是夸她朴实不做作，而在美国此词则是丑陋的委婉表达法。英语的"God bless you!"在汉语中也无完全对应的表达法，只能根据语用意义按照汉语习惯而翻译。以上各类语用不匹配现象的翻译转换过程必然会导致信息量的丢失或增加，从而引起翻译的不确定性。

接下来以英汉两种语言为例来说明翻译不确定性中的语用不匹配现象。某学校负责人在欢迎一位美籍女教师时将欢迎词翻译如下：

例 13

"女士们、先生们：我很高兴为大家介绍一位非常可爱的女孩，她就是来自美国的优秀教师——布朗小姐……"

"Ladies and gentlemen, I'm delighted to introduce to you a very pretty girl, Miss Brown. She is a very good teacher from the U. S. A…"

这段英语按照汉语的原意翻译，并无语法错误。但布朗女士听完之后却显出了不悦之情，原因就在于"pretty girl"和"good"的表达在语用上不得体。在中国，女性愿意被称呼得年轻一些，如果再加上"美丽"或"可爱"这样的形容词那就更受欢迎。而美国成年女子是不愿意被称为"girl"的，因为这意味着当事人幼稚或不成熟。另外，中国人在介绍来宾时喜欢用褒扬之词以表敬意；但西方人则认为初次见面不宜使用过于主观的言辞。这个例子中最失败的地方就是主人将按照中国习惯对客人（特别是女客人）外貌的主观评价直接翻译成了英语（何自然，1997：202 - 203）。下一个语用交际失误的场景也同样说明了英汉两种语言的语用不匹配情况：

例 14

American teacher："You're a very clever woman."
美国老师："你是一个很聪明的女人。"
Chinese student："No, I'm not a woman, I'm a girl."

中国学生:"不,我不是女人,我是女孩。"

美国教师与中国学生的交际失误是因为说话双方违反了文化语用原则。"文化语用原则一定是和普遍语用原则不尽相同的、带有特殊的文化语境适应能力和指派的原则,它是具体文化语境中的人对一般的'正常的理性人'的进一步定义和诠释"(何刚、张春燕,2006:35)。"woman"及"girl"与"妇女"及"女孩"在语义上是对等的,但中西不同的文化对词义的进一步定义和诠释有差异。中国人把"女孩"和"妇女"分得十分清楚,因为前者往往与未婚和低龄有关,而后者多指已婚的、年龄比女孩大的女性;在西方国家,"girl"和"woman"均用于指女性,无论婚否,区别仅在于前者与天真或幼稚有关,后者与成熟有关(冉永平,2006:209)。因此,正如例11中提及的那样,中国女性喜欢被称为"girl",而美国人则恰恰相反。

五 思维模式差异

思维模式指用概念思维并用概念结构处理语言的模式。思维模式与语言密切相关,实际上,每一种语言都有自己独特的思维模式。语言之间的翻译,其实质也就是思维模式的转换(陆国强,2012:9)。也可以说是概念系统的转换,当原文的概念系统进入译文的概念系统找不到参照时,可能会出现不确定性。

世界各民族和地区都有着自己独特的思维模式,其中东西方思维模式的差异表现较为突出。长期以来,人们倾向于认为东方民族的思维方式是"整体的"、"辩证的"、"主观的"和

"模糊的";而西方民族的思维方式则为"具体的"、"分析的"、"客观的"和"精确的"。包惠南(2001:25-32)将东西方民族的思维方式差异归纳为具象思维与抽象思维、综合型思维与分析型思维、本体型思维与客体型思维以及顺向思维与逆向思维四个方面。

思维模式差异表现在看世界方式上的不同。汉语的"青山绿水"、"腰酸背痛"翻译成外语有困难:"青"和"绿"在英语中都只能用"green"表示;同样,"酸"和"痛"也只对应一个词"pain"。英文的"black tea"翻译为汉语则为"红茶"。秘鲁的盖丘亚语在使用过去和将来的概念时与英语恰好相反。这种语言视过去为处于人身体的前部,因为人能看见过去,而将来是看不到的,因此将来是处于身后的(Samovar, 2000:134)。这一点与汉语的"以前"和"今后"的概念是一致的。如在诗句"前不见古人,后不见来者"中,"前"指过去,"后"指未来。也就是说,秘鲁人和中国人是面向着过去来区分时间先后的,而英美人则是面向着未来来区分时间先后的(包惠南, 2001:32)。美国商人与日本商人谈判对话如下:

例15
美国商人说:
"It looks as if we are thinking along parallel lines?"
"看起来我们好像是在同一个层次思考问题?"
日本商人回答:
"Parallel lines means we'll never meet."
"'Parallel lines'意味着我们将永远不会达成一致。"

第四章 翻译不确定性与翻译理论及实践的相关性

由于东西方思维模式的差异导致了谈判的失败,原因在于,"parallel"在英语中释义为"compatible, being on the same track, going in the same direction, or agreement"(一致的,同一轨道、同一方向的,同意的)。而在日语中,则意为"不一致的,处于永远分开的位置,永不相遇的"。可见日美两个民族对"parallel lines"的理解截然不同(郭建中,2010:70)。穆南(Mounin, 1963,转引自郭建中,2010:62)认为,"我们必须完全接受这样一个事实,即一种语言会迫使我们用某种方式去观察世界,因而阻止我们用另外的方式去观察世界"。

英汉语的思维模式差异明显地表现在两种语言的句式上。试比较下面的英汉语例句:

例 16

She did not remember her father who died when she was three.

她三岁死了父亲,记不起他了。

(陆国强用例,2012:16)

英语的思维模式为关系词凸现结集(connective-prominent nexus),而汉语则为动词凸现结集(verb-prominent nexus)(陆国强,2012:16-21)。如果这个句子按照英式思维模式结构直译,就成了:"她不记得她的父亲,她父亲在她三岁时就死了。"这样的句式不符合汉语的表达方式。在篇章衔接过程中,英语仍然是通过关系词来实现,这是一种显性的连接方式,而汉语则靠的是隐性的连接方式,即通过语句和语篇的意义来连接上下文。英语思维模式的特点还包括"不按时间顺序或逻辑顺序搭建概念结构"（陆国强，2012：17），在英译汉时，需要搭建概念结构。总之，英语民族表现为"理性"，侧重于"客体意识"和"个体思维"；而汉语民族的语言心理则表现为"悟性"，强调"主体意识"和"整体思维"（潘文国，2004）。

我们在翻译过程中，需要对这种由思维模式差异导致的看世界方式的不同以及语言句式上的差异进行转换。转换后的译文从整体来看不影响交流与沟通，但与原文是否会有完全一致的语义、语用及突显等效果还很难说。有一句德国名言这样说道："当心灵用语言表达出来时，就不再是心灵的语言了。"既然从心灵到语言会造成差异，那么经过了原作者与译者两种不同思维模式的心灵表达出来的译文与原作者的心灵到底会有多大的出入呢？后秦翻译大家鸠摩罗什曾说"……但改梵为秦，失其藻蔚，虽得大新发展，殊隔文体。有似嚼饭与人，非徒失味，乃令呕哕也。"这句话的主要意思是，原文经过译者的大脑，必须滤掉一些东西，因而失去了原味。"英汉互译时，两种语言的思维模式必须经过反复的转换后实现，才能保持行文酣畅淋漓"（陆国强，2012：16）。但行文流畅也未必能确保译文对原文的信息没有增减。这样，分属于不同思维模式的语言间的转换必然导致不确定性。

六　文化差异

由文化差异造成的语言特异性也可引起翻译的不确定性。要是原文描述的是本国特有的自然环境、社会制度与文化，翻

第四章 翻译不确定性与翻译理论及实践的相关性

译难免会有意义的丢失。因为从词源学上看,"翻译"一词所隐含的传递(transference)、替换(subtitution)或代替(replacement)均为误导,译文只能是对原文的近似(approximate)表达(Newmark,1981:7)。

文化差异特别表现在习语的使用上。以下是意大利习语的两种英译法:

例17

Giovanni sta memando il cane per l'aia.

译文(1)

John is leading his dog around the threshing floor.

约翰领着狗去绕打谷场

译文(2)

John is beating around the bush.

约翰说话绕圈子

译文(1)按字面意思翻译,译文读者没有对应的含义联想,不能理解其意;而译文(2)找准了英语中具有相同联想意义的习语表达,因而更为准确(Samovar,2000:133)。中国人讲说话绕圈子,英美人说"绕灌木丛",而意大利人则说"领着狗去绕打谷场"。中国与日本虽然都地处东亚,但文化上的差异却十分明显,在表达汉语成语"对牛弹琴"时,日语用"猫に小判"(给猫小金币);日语习语"転ばぬ先の杖"(跌倒前拄拐)相当于汉语的"未雨绸缪";将汉语的"金盆洗手"翻译为日语时就成了"足を洗う"(洗脚)。又如,在英语文化中,

119

由于对狗的偏爱而形成了大量与狗相关的习惯用语，如果直译，在汉语文化中将不可接受，例如："Every dog has its day"（每个人都有时来运转的一天。）、"Let sleeping dogs lie"（不要自找麻烦）、"A gay dog"（一个快乐的人）、"Top dog"（当权派）、"a lucky dog"（幸运儿）、"He is as pleased as a dog with two tails"（他高兴得手舞足蹈）

每一种文化都有自己的禁忌语或者联想意义带有贬义的表达法，在进行翻译时应力求避免。菲利普在将《新约》从希腊语翻译成英语时，将"圣吻"（holy kiss）译为"握手"（hearty handshake）。因为对于当时的英语使用者来说，吻意谓特定的个人情感，但希腊语的"圣吻"只是作为基督教的一个礼节性问候（Jin and Nida, 1984：84-85）。在广告翻译中如果不考虑这样的文化差异将会导致灾难性的后果，以下的案例就是最好的证明。中国的芳芳牌唇膏和大宝 SOD 蜜的英文商标名分别为"FangFang"和"Dabao SOD"。"芳"在现代汉语词典中被定义为"草香"及"美誉"，因此中国人对"芳芳"这一名称会产生美好的联想，作为唇膏的名称还暗喻产品的芳香及使用后更加美丽等，因此，汉语的产品名可以说是非常贴切、非常成功的。然而"Fang"与英语单词"fang"同形，后者在英语中的释义为"（动物的）尖牙、獠牙；（蛇的）毒牙"。看到这样的化妆品名称，有谁还敢问津呢？同样的情况，"SOD"在英语中是骂人的禁忌语，"Dabao SOD"的产品名称在英美国家肯定不讨好。

钱冠连（1997：293）认为："越是文化含量重的发源语，越是向不可译靠近"，不确定性程度也越高。在翻译过程中遇到文化性差异造成的翻译困难，可根据具体的语境，采用"零翻译"（直译加注释）、"解释性翻译"或"转换角度翻译"等方法，从不同的角度表达相同的深层寓意，在不影响阅读理解的前提下，尽量为译文读者展示原语的文化特色。

第三节　翻译评价的标准：翻译意义

无论从理论还是从实践来看，翻译都具有不确定性，这是一个不争的事实。但是这种不确定性并不是说翻译是随意的，是没有任何约束的自由发挥。不确定性总是在一定的范畴内，受制于相关的因素。

有人认为翻译不确定性理论"开阔了翻译研究的思路，使我们对翻译采取一种更为宽容的态度，可以为不同的翻译目的确立不同的翻译规范或标准"（李文革，2004：111）。多里特·巴恩（1993）借鉴这一理论，设想了一种可以为不同翻译目的服务的标准——翻译意义。她认为源语文本与译语文本之间存在着一种基于变化语境的中介性的翻译意义，并将这种翻译意义保存的多少作为评判翻译好坏的标准。

一　翻译意义的概念

语言表达式的翻译意义（translation - meaning）是指这样的一套特征，它通过源语使用者与语言表达式相连，并在给定语境里与语言表达式的翻译相关（Bar - On，1993：786）。这一概念可以更清楚地用以下的图示来表达：

```
            源语使用者              语境
               ↓                    ↓
源语文本 ←——→ 翻译意义（一套特征）←——→ 翻译文本
```

翻译意义是与源语文本、源语使用者及翻译过程的语境密切相关的一系列特征，可以是语言的、文化的及认知的。源语文本、翻译意义和翻译文本三者是本源、转渡和替代的关系。

翻译的全过程包括以下几个方面：意义的来源（作者）、源语意义的载体（原文）、意义的诠释者（译者）、译语意义的载体（译文）、意义转换的语境（译语语言与文化）以及转换之后的意义接受者（译文读者）。翻译意义可以说是联系这多种因素的纽带。刑滔滔认为，"翻译是三类而非两类语言的关系，中间有一个纯语言即神的语言、理想的语言。翻译的过程便是从甲语言还原到纯语言，然后在乙语言里再现出来"（王宾，2006：132）。翻译意义的概念类似于"三类语言"观中的中间语言，即理想的语言。

翻译意义的形成需要概念整合，而概念整合的前提是透彻理解并确切界定语义。它将句法、语义、语用、逻辑及社会文化几大模式融合为一个有机的整体，"并对存储在脑中的各种图式结构（schemata）加以整合"（陆国强，2012：7）。这种有机整合过程并非一一对应，而是宏观的、整体的对等。它将源语和目标语的句法图式分拆开来，将源语和目标语的语义模块分零，并运用语用推理的方式，将源语的句法规则、逻辑思维方式和社会文化因素投射或引介到翻译的目标语当中，最后以目标语读者接受的方式表达出来。这种用于语言生成和诠释的概念整合"是一种动态的递归式整合"（a type of dynamic,

第四章 翻译不确定性与翻译理论及实践的相关性

recursive integration)。"具体地说,人脑从认知角度处理语言(cognitive processing)时,总是在实际语言环境中能动地、递归地调节(regulate)、补充(replenish)和更新(update)存储着的知识结构"(陆国强,2012:7)。译者首先要理解作者的意图,再根据自己已有的知识和原文文本提供的信息进行推理,得出与原文信息最佳的关联并最终达到最佳交流的目的。翻译是一个动态的过程,是一种认知的交际活动,其核心是推理。在推理过程中,需要顾及语言的功能、文本的类别及语域的变量等方面,还要考虑语篇层面上的关联、语言形式的衔接和语义内容的连贯。

翻译意义对语境具有依赖性。人类学家马林诺夫斯基(B. Malinowsky)说,"语境是决定语义的唯一因素,脱离了语境,则不存在语义"。语境是和意义在一起转换、重构的。作者与原文读者在听说、写作及阅读中要考虑话语及文字的语境。对于译者来说,语境意义具有多个层次的含义:第一,原文作者、说话者想要在原文中传达的语境意义;第二,原文读者、原语听者在母语文化背景下可能的理解模式及意义;第三,译语环境中将会产生怎样的意义,如何准确传达自己想要译语读者理解的意义;第四,不同的译语读者通过阅读译文可能会产生的语境意义。翻译意义是以上四个层次语境因素的综合体现。换一个角度看,翻译意义依赖于文本语境、认知语境、文化语境及社会历史语境。

翻译意义具有时间性、协商性及生成性。翻译意义的时间性是指过去、现在和将来,过去是结构,现在是情境,将来是目的。翻译意义具有生成性是指它不是预先存在的,而是慢慢生成的，是在翻译过程中通过两次协商而生成的。第一次协商是通过源语使用者与源语文本之间的相互协商；第二次协商是通过译语语境的协商，这其中有读者群、社会历史文化条件、时代特征及译者等因素。最后，翻译意义是通过译语文本生成和体现的。

翻译意义应保持动态的平衡。因为原文与译文之间是一种动态的对等，是原文与原文读者和译文与译文读者两种关系的对等。即"译文读者对译文的理解与反应应该与原文对原语读者的影响一样"（Jin and Nida，1984：85）。这种动态平衡来自两次意义的协商，力图使原文在读者那里产生的效果重现于译文对译文读者的影响。首先要权衡原文与译文在交流过程中的诸多因素，保留最重要的。根据语境因素，拟定多个可能的翻译意义，再通过信息接收者进行检验，最后确定最佳的翻译意义：最忠实于原文，最佳交际功能，最适合特定读者群的解码能力，最适合特定语境。

翻译意义是语境相关的、多维的和动态的。杨晓荣（2005：196）认为，"翻译标准应是距离原文的'最佳近似度'"，我们可以把翻译意义作为这个最佳近似度的载体。

二　翻译意义作为评价翻译的标准

既然翻译意义是连接源语文本及翻译文本的纽带，又与源语使用者及翻译语境密切相关，我们可将它作为评价翻译好坏的标准。翻译意义保留得越多，翻译就越好，反之则越差。翻译意义对翻译的评价分为准确、最佳、相当及更好四类，具体分析如下：

第四章 翻译不确定性与翻译理论及实践的相关性

(SS = SL-sentence 源语语句、P 与 Q = TL-sentences 目标语句、C = Context 语境、TA = Target Audience 读者)

(1) P 是 SS 的准确翻译当且仅当针对特定 TA,P 最大限度地保留 SS 的翻译意义,即 P 与 SS 分享所有的相关语言特征。

(2) P 是 SS 可得的最佳翻译当且仅当针对特定 TA,P 最佳地保留 SS 的翻译意义,即 P 与 SS 分享了比其他翻译版本更多的相关特征。

(3) - (A) P 与 Q 对于 SS 来说是同样好的翻译当且仅当针对特定 TA,P 与 Q 在同等程度上保留了 SS 的翻译意义,即二者与 SS 分享了相同数量的相关特征。

(3) - (B) P 与 Q 对于 SS 来说是同样好的翻译当且仅当针对不同的 TA,P 与 Q 在同等程度上保留了 SS 的翻译意义,即二者与 SS 分享了相同数量的相关特征。

(3) 相对于 Q 来说,P 是更好的翻译当且仅当针对特定 TA,P 比 Q 保留了更多 SS 的翻译意义,即 P 与 SS 分享了比 Q 更多的相关特征。

(此标准根据 Bar-On,1993:794 的标准修改)

这一标准的修改包括两个方面:一是增加特定信息接收者群体的限制。这里主要是想排除由于理解能力或其他障碍而影响对翻译意义的统一标准。另一个修改是增加了第三条同样好的翻译标准对于不同的读者群之间的评价。这里强调信息接收者的重要性,是因为翻译的过程包括理解、表达、交流与传播。

翻译是为信息接收者服务的，因此，必须将他们放在重要的位置。

用对比分析的方法将源语文本及翻译文本同翻译意义进行对比，如发现有源语文本的部分特征也是翻译意义的一部分，但在翻译文本中却找不到时，这样的翻译文本就存在缺陷。可采取一定的补偿措施，如进行解释等。但是，当源语文本及翻译文本之间的不对等为冗余或与场景无关紧要，且这种不对等并不影响对翻译语句的理解时，翻译仍可称为好的或准确的翻译（Bar-On，1993：793）。

三　翻译不确定性与翻译意义

从微观来看，翻译意义本身是不确定的、是动态变化的。它是受语境、读者群、社会历史文化等诸多因素制约的。但从宏观来看，翻译意义是源语文本向目标语的转渡，它是有根基的，是确定的。

作为翻译评价的标准，翻译意义是以整体面貌呈现出来的。它与蒯因的整体论思想及奈达的动态对等理论相一致。在整体概念框架下，作为语言的、文化的及认知的翻译意义，将随语境诸因素的变化而动态变化。翻译意义的最终目标是要达到使译文读者对译文的反应与原文读者对原文的反应相一致，即建立对等的人际意义，但这种对等在翻译中很难达成。这是由于语言间人际意义的建构因交际主体、语境及目的不同，语言单位和意义成分之间的关系并非一一对应造成的。这一过程还涉及原文及译文的语言文字特点，原文及译文读者的心理因素、社会历史文化背景因素，等等。这也是不确定性产生的主客观

第四章　翻译不确定性与翻译理论及实践的相关性

原因。

翻译意义是在考察作者建构意义的过程中如何将动态的过程通过静态的编码而呈献在原文中，是透过静态看动态意义的建构过程。而不确定性也正是这种动态过程中的多种可能性，每一种不同的选择都有其特定的用意。因此，二者都是以意义的建构过程为基础的。

翻译不确定性与翻译意义的关系密切，作为评价标准的翻译意义，对不确定性有着一定的规定性：翻译不确定性是在翻译意义范围内的不确定性，是保留翻译意义多少的不确定性。换句话说，由翻译不确定性所引起的不同译本的好坏、优劣之分也是看译文保留翻译意义的多少来决定的。

翻译意义可被看作翻译原型，就如同认知原型一样。它在某种程度上规定和限制着翻译不确定性的度，也就是说，在翻译意义范围内的不确定性是可接受的、合理的，超出这个范围，便背离了原意，或称改译、释译。

第五章

从翻译不确定性看英汉互译的理论与实践

英语和汉语为世界上使用最为普遍的两种语言,它们之间的交流十分频繁,二者的互译问题也受到中外学者的关注。

英汉两种语言分属两个不同的语系:印欧语系和汉藏语系,一种是形合结构的语言,而另一种为意合结构的语言。另外,中西思维方式的截然不同也明显地体现在语言表达上。因此,英汉两种语言的互译将会比同一语系语言之间的翻译存在更多的特殊性和具体问题。一些在同一语系翻译实践基础上提出的翻译理论和技巧,如"变换"等,明显不适合英汉互译的理论和实践。

翻译不确定性论题与翻译理论及实践具有相关性,对英汉互译也具有指导作用。本章将从翻译不确定性论题出发,以翻译意义作为评价标准,对英译汉及汉译英的翻译实例进行分析,并进而讨论分析翻译的客观性与不确定性的关系以及翻译三原则"信达雅"之间的辩证关系。

第一节 英汉互译的案例分析

翻译不确定性是与译本的文体类别、读者人群、译者目的以及译本所要达到的效果相协调的。奈达认为,语言的交际功能是多方面的,主要有表达功能、认知功能、人际功能、信息功能、情感功能、美学功能。这些功能在不同类别的翻译中会不同程度地体现出来,主次不同。根据邱懋如(1998:109),翻译的对等由三大部分组成:文体对等(stylistic equivalence),社会文化对等(social-cultural equivalence)和语言对等(linguistic equivalence)。其中,语言对等又进一步分为语用对等(pragmatic equivalence),语法对等(grammatical equivalence)和语义对等(semantic equivalence)。以上几种对等分别体现不同的语言交际功能,翻译中要根据不同的文献类别及目的,选择合适的对等方式,重点突出地体现一至多种功能。科技翻译以信息功能为主,要求语义上的对等。对于专业词汇需查阅权威词典,译者不可自己新造专业词汇。如果是文学翻译,就以表达功能、情感功能及美学功能为主,通过文体的对等来突出艺术和美学的价值。其中,对诗歌的形式美要求更高,译者的视觉、听觉、嗅觉及触觉等感觉器官需要同时参与进来。在商务翻译中,合同类与广告类有较大的差异,合同类翻译以信息功能为主,要求语义准确无异,而广告类翻译则以表达功能和人际功能为主。口译因其特殊的即时性及语境依赖性,按种类不同而要求突出信息功能或人际功能,通过语义对等或语用对等来实现。

本节选择英汉互译中口笔译的典型案例进行分析和阐述,其中笔译又将分为科学翻译、文学翻译、商务翻译及隐喻翻译四类。

一 英汉翻译的案例分析

汉语具有象形文字的独特性,因此,对文雅有着特殊的要求。孔子所说的"言之无文,行之不远",从翻译的角度来看就是要追求"文字上的美,让人赏心悦目(耳)",追求音形意三个方面的"尚美性、简约性和提炼性"(何刚强)。以下几例可以说明汉语的尚美性:"The White House"译为"白宫"而非"白屋"、"Champs-Elysees Avenue"译为"香榭丽舍大街"而非"爱丽舍田园大街"、BRICS(Brazil, Russia, India, China and South Africa)译为"金砖国家"而非"砖块国家"。另一个例子是汉语简洁提炼特性的最好见证:"People in the northern regions have a greater inclination to strong liquors, and those in the southern to love and women."汉译为简洁的"北人嗜酒,南人好色"(钱钟书译)。英汉翻译要力求达到这三个方面的要求。

(一)英汉科学类翻译案例分析

科学类的翻译对准确性要求很高,此类文本的翻译要避免语言表达的歧义性,还要考虑阅读对象及语境等多方面的因素。

蒯因在《真之追求》(*Pursuit of Truth*)一书中对观察句的

第五章 从翻译不确定性看英汉互译的理论与实践

描述原文及三种译文如下：

例 1

Observation sentences are the link between language, scientific or not, and the real world that language is all about. (Quine, 1992: 5)

译文（1）

观察句是科学的或非科学的语言和语言所关于的实在世界之间的联系。（王路译，1999: 4-5）

译文（2）

观察句是科学用语或非科学用语与语言所关于的实在世界之间的联系。（作者自译）

译文（3）

观察句是语言（无论是科学用语还是日常用语）与语言所关于的实在世界之间的联系。（张志林译）

英语原文"scientific or not"作后置定语修饰"language"；"between…all about"修饰"link"。在进行概念整合时，要将英语的句法转换为汉语的常用句法，也就是将后置定语提到名词之前，译为"科学的或非科学的语言"与"语言和语言所关于的实在世界之间的联系"。但是，前者在汉语语境中有歧义，可以表示"科学用语或非科学用语"，也可以表示语言本身是科学的还是非科学的。因此，这一表达的翻译意义为"用于科学的或非科学的语言"。现在来看以上三句译文。译文（1）是对原文的直译，虽然保留了字面上的对等，但如前所述，汉语中

"科学的或非科学的"直接放在"语言"一词前会造成理解歧义。译文（2）的处理方法就避免了这样的歧义，保留了更多 SS 的翻译意义，与 SS 分享了比译文（1）更多的相关特征，是比译文（1）更好的翻译。

再来看译文（3），在翻译意义的协商及生成过程中，此句对第一个后置定语的处理为加括号进行解释，这样的句型虽然不是汉语中的常用句型，但也能接受，优点是使主句层次显得更为清晰，从视角上看更有优势，且对"scientific or not"这一表达的处理为"无论是科学用语还是日常用语"，可以说是对原文进行了解释，因为在语言哲学中，与科学用语相对的即为日常用语。蒯因的本意是观察句适合于所有的句子，包括科学用语和日常用语。而翻译中"准确"的含义是，能够达到最有效地充分地用另一种语言表达原意，读者一看就能抓住它的要害。在这个意义上，译文（3）恰恰能够最大限度地保留 SS 的翻译意义，比译文（1）和译文（2）的直译更准确。此处的不确定性（无论是科学用语还是日常用语并非 scientific or not 的直译）恰恰体现了它的确定性，是对蒯因原意的忠实，是对翻译意义最大限度的保留。因此，译文（3）是对例 1 原文的准确翻译。

接下来分析莱肯在《语言哲学》（*Philosophy of Language*）一书中"使用"论一章对命题论的推理概念进行的描述及三段译文：

例 2

Wilfrid Sellars' version of this idea makes the act of inferring central; it is the complexity of patterns of inference

第五章 从翻译不确定性看英汉互译的理论与实践

that allows the "use" theorist to accommodate <u>long, novel sentences</u>. On this view, one sentence entails another, not because the two "express" "propositions" one of which is somehow "contained in" the other, but because it is socially expected that <u>one's neighbor</u> would perform the act of inferring the second sentence from the first. (Lycan, 2008: 76)

译文（1）

<u>这种观点的威尔弗雷德·塞拉斯版本使得推理行为占据中心位置</u>。正是推理模式的复杂性允许"使用"论者接受<u>长而陌生的句子</u>。根据这一观点，一个句子衍推另一个句子，不是因为这两个句子"表达""命题"，其中一个命题以某种方式"包含于"另一处命题，而是因为社会期望这一点：<u>一个人的邻居</u>展示了从第一个句子推出第二个句子的行为。（陈波、冯艳译，2011：95）

译文（2）

<u>威尔弗雷德·塞拉斯也持同样的观点，在他那里，推理行为是核心</u>。正是由于推理模式具有复杂性，"使用"论者才能够采纳<u>长而新奇的句子</u>。从这一点来看，一个句子蕴涵另一个句子并不是因为在两个句子"表达"的"命题"中，其中一个以某种方式"被包含于"另一个，而是由于<u>听话者</u>能够从第一个句子中推导出第二个句子来，而这一推导行为是社会交往中所期望的。（作者自译）

译文（3）

<u>Wilfrid Sellars</u> 把推导视为这个问题的核心；鉴于推导模式如此复杂，使用论者通常会把<u>冗长、新颖的句子</u>考虑

133

进去。就此而言，其中一个句子将蕴含另一个句子，不是因为它们"表达""命题"，且其中一个"命题"或多或少地"包含在"另一个"命题"当中，而是因为从社会语境角度看，都希望<u>受话者</u>能够从第一个句子推导出第二个句子。（王强译）

由于这一段译文较长，对它的分析将从段落、句型结构和词汇意义三个方面来谈。

总体来看，译文（1）主要采用的是直译的方法，整个段落给读者的印象是英语式的汉语表达法，不符合汉语的表达特点，意义表达模糊，不易理解。译文（2）因语言表达符合汉语习惯，意义表达清晰，读起来较为流畅，也易于理解。译文（3）除表述清晰并符合汉语习惯以外，还具有语言简练、用词更为专业和准确等特征。句型结构方面：译文（1）直接将英语句子通过对应词意的转换投射到译文中。如第一句"这种观点的……版本……占据中心位置"和第二句"正是……长而陌生的句子"。而翻译意义在概念整合过程中，原文句法规则投射到目的语以后，需要用目的语读者接受的方式表达出来。以上这两个小句是比较典型的英语句式，翻译时需要转换成汉语读者习惯的句型。而译文（2）和（3）的句型均符合汉语读者的习惯，译文（3）句型结构更为简练。从词汇意义来看："version"的翻译意义结合上下文应为 Wilfrid Sellars 所持的观点。译文（1）将"version"直译为版本，译文（2）采用意译方法，而在译文（3）中找不到这一词的直接对应部分，只是将它的含义融入汉语译句中，显得更为自然、流畅。对于"long, novel sentences"

的翻译，译文（3）明显具有亮点，因为此表达的翻译意义除词汇本身的含义外，还包括语篇的风格及正式程度。而"冗长、新颖的句子"从节奏、对称美感和与此类文章文体风格相称来看都比前两种译文的"长而陌生的句子"及"长而新奇的句子"更好。较为突出的一个单词是"neighbor"，它的翻译意义从上下语境来看，意指相邻而谈的交流双方中的信息接收者。译文（1）按字面意思将它翻译成了"邻居"，这在汉语表达中不够确切。因为从这一段对话语交流中推理行为的描述可以看出，英语"neighbor"是指与说话者相邻的人，针对说话者最可能就是在人群中最直接与他对话的那个独特的听者。在这一个听说的结构中，语言使用者有意抛出一个意图，期望对方能够识别，而且说话者也知道对方能识别他的意图，因此，二者之间的关系是最为密切的，就相当于邻居一样。此处用"neighbor"有修辞之意，表示邻座或邻人的一种亲切的氛围，翻译为"听者"较为恰当。如果要保持原来的修辞手法，翻译成汉语时可先直译，然后再加注，这样才能更多地保留翻译意义。

通过对三段译文的分析，可以得出这样的结论：针对语言哲学领域专业读者来说，译文（3）是对 SS 可得的最佳翻译，因为它最大程度上保留了翻译意义，即它与 SS 分享了比其他译本更多的相关特征。译文（2）是比译文（1）更好的翻译，因为前者比后者保留了更多的翻译意义，即与 SS 分享了比后者更多的相关特征。

现代政治哲学奠基人霍布斯（Thomas Hobbes）的《利维坦》（*Leviathan*）第一部分"论人类"的第十四章，"论第一与第二自然律以及契约法"中对于第二自然律的阐述如下：

例 3

From this fundamental law of nature, by which men are commanded to endeavor peace, is derived this second law; that a man be willing, when others are so too, as far-forth, as for peace, and defence of himself he shall think it necessary, to lay down this right to all things; <u>and be contented with so much liberty against other men, as he would allow other men against himself.</u>

译文（1）

这条基本自然律规定人们力求和平，从这里又引申出以下的第二自然律：在别人也愿意这样做的条件下，当一个人为了和平与自卫的目的，且认为必要时，会自愿放弃这种对一切事物的权利；<u>而在对他人的自由权方面满足于相当于自己让他人对自己所具有的自由权利</u>。（黎思复、黎廷弼译）

译文（2）

这条基本自然律规定人们力求和平，从这里又引申出以下的第二自然律：在他人也愿意这样做的条件下，当一个人为了和平与自卫而认为必要时，会自愿放弃这种对一切事物的权利；<u>并且满足于自己对他人有限的自由，而这正是他本人允许他人对自己的自由</u>。（作者自译）

译文（3）

这条基本自然律规定人们竭力争取和平，又从这里引

第五章　从翻译不确定性看英汉互译的理论与实践

申出以下的第二自然律：为了和平与自卫的目的，在他人也愿意做到的情况下，一个人会自愿做到：<u>己所欲，施于人；己所不欲，勿施于人</u>。（孙宁译）

译文（1）可以说是对原文逐字逐句的翻译，虽然基本意思并未偏离，但汉语行文显得拗口，特别是最后一句话"而在对他人的自由权方面满足于相当于自己让他人对自己所具有的自由权利"。译文（2）也基本算是对原文的直译，但最后一句的翻译更为顺畅。译文（3）显然是译者通过理解霍布斯的思想，掌握了语言表层下的隐含意义以后，用中国哲人孔子的话语来翻译，简单明了，易于理解，且富于哲理。因此，在这三段译文中，译文（2）比译文（1）保留了更多的翻译意义，分享了SS更多的相关特征，是更好的翻译。译文（3）在三段译文中保留了最多的翻译意义，与SS分享了最多的相关特征，是不可多得的最佳翻译。

接下来分析一段科普短文：

例4

Both "herb" and "herbalist" are misnomers. Materials used in the aromatic but often bitter brews are not limited to the vegetable kingdom. Minerals and animal substances are also ingredients.

译文（1）

"草药"及"草药郎中"皆以讹传讹而成。这芳香四溢、苦涩难咽、救死扶伤的汤汤水水并非仅限于植物王国，矿物与动物也夹杂其间。

译文（2）

英语里所称的"草药"及"草药郎中"，都是误称。那些略带香味但多半苦涩的汤药，其实用料并不限于植物王国，矿物与动物也常是药中的成分。

（祝吉芳用例，2004：3）

科普文章的翻译注重简洁平实的语言表达风格，在形式上不需文字的过分修饰与美化。两段译文均正确地把握了原文语句的意义，但译文（1）显得有些文绉绉，与科普文章要求语言形式上的平实和简洁相悖。译文（2）保留了此段翻译意义的形式要求，其朴实性更适合这里的语境。因此，对于大众读者来说，译文（2）比译文（1）保留了更多 SS 的翻译意义，与 SS 分享了更多的相关特征，是比译文（1）更好的翻译。

（二）英汉文学类翻译案例分析

与科学类文本不同，文学所要展示的不是规则，而是价值和美，文学翻译没有唯一正确的标准和理论。"由于心理原因或审美水平的差异，译文读者与原文读者的反应会有所不同"（Hickey，2001：227）。中西文化中的价值观与对美的评价标准有共核，也有异质。英汉语言本身内在形式的制约在文学作品中表现突出，二者的互译注定要面临更多的不确定性，从而形成了原著与译著之间、原语与译语之间、原作者与译者之间以及原语读者与译语读者之间的张力，而文学作品允许译者有更大的创作空间，翻译意义在协商生成的过程中涵盖了以上的诸多因素。

下面一个例子是英国哲学家和文学家培根的随笔《论读书》节选。此文有十几种汉译本,这里仅选择三种典型译文进行分析。

例 5

Of Studies

Studies serve for delight, for ornament, and for ability. Their chief use for delight, is in privateness and retiring; for ornament, is indiscourse; and for ability, is in the judgement and disposition of business... To spend too much time in studies is sloth; to use them too much for ornament, is affectation; to make judgement wholly by their rules, is the humour of a scholar.

译文(1)

论学问

读书为学底用途是娱乐、装饰和增长才识。在娱乐上学问底主要的用途是幽居养静;在装饰上学问底用处是辞令;在长才上学问底用处是对于事物的判断和处理。……在学问上费时过多是偷懒;把学问过于用作装饰是虚假;完全依学问上的规则而断事是书生底怪癖。(水天同译,1939)

译文(2)

谈读书

读书足以怡情,足以傅彩,足以长才。其怡情也,最见于独处幽居之时;其傅彩也,最见于高谈阔论之中;其

长才也,最见于处世判事之际。……读书费时过多易惰,文采藻饰太盛则矫,全凭条文断事乃学究故态。(王佐良译,1980)

译文(3)

论学习

学习可以作为消遣,作为装点,也可以增进才能。其为消遣之用,主在独处、归休之时;为装点,则在高谈阔论之中;为才能,则在明辨是非、深谋远虑之间;……过度沉湎于学习是怠惰;过度炫耀学问是华而不实;食书不化乃书生之大疾。(孙有中译,2003)

先看整体风格,《论读书》是培根的《论说文集》中最具影响力的一篇。文章以简洁的语句蕴涵深邃的思想,打破了那个时代传统文章语句冗长、内容散漫的特点。现代英语夹杂古英语的表达,用词正式规范,显得古雅庄重。文章巧妙地运用对偶句和排比句等修辞手法,构成脉络清晰的论述。全文寓生动与严肃、清新与凝重于一体,为读者娓娓道来读书之道、读书之趣与读书之妙。此文的翻译意义包含了上述内容、形式与风格的统一。译文(1)(水天同译文)以白话文为主,夹杂少量的文言表达,如文言虚词"底",整个译文给人的总体印象是表述清晰,语言平实,思想内容传达正确。有人对它的评价是"典雅而不轻灵,朴拙而失思辨"。译文(2)(王佐良译文)准确地把握了原文的用词倾向和文体风格,以精炼传神的语言再现原文的风格。用他自己对译文的要求来评价最合适不过"一切照原作,雅俗如之、深浅如之、口气如之、文体如之"。译文

第五章　从翻译不确定性看英汉互译的理论与实践

（3）（孙有中译文）也是以白话为主，夹带有少量的文言表达，少量使用排比等修辞手法，正确地再现了原意。美中不足是在气势上稍弱。

接下来具体分析上文列出的三个句子。第一句："毫无废话，单刀直入"，三个排比作为修辞，体现了简约、直白而工整的文风。水译及孙译朴实、平淡，基本内容正确，但未体现风格上的翻译意义。王译三个"足以"对三个"for"以动态的中文表达静态的英文，符合汉语特点，显得铿锵有力，达意传神，从内容和风格上完整保留了翻译意义。第二句的特点是排比结构紧凑工整，行文流畅，音律铿锵。水译抓住了主要意思，但没能表达出优雅意境。王译句中的"in"分别由"之时"、"之中"、"之际"译出，形式工整且避免了简单的重复。将三个名词和名词词组译为三个汉语四字词，节奏紧凑，以汉语独特的整齐对仗完美地表达了原意。孙译句以"主在……之时"、"则在……之中"、"则在……之间"对应"chief"和"in"，排比手法与原文呼应。且在用词的多少整齐上均一一相当，非常忠实地传达了原意。比水译句更有文采，但与王译句相比，少了汉语语言表达的特殊节奏美感。第三句中，原文三个做表语的名词古雅，分句呈长短交错排列，形成缓急跌宕的鲜明节奏。水译文的偷懒和怪癖对应"sloth"和"humor"太过口语化。王译句的"易"、"则"、"乃"用词绝妙。孙译句的"过渡沉湎"与翻译意义的"花太多时间读书是懒惰"有出入。前者是"比喻潜心于某种事物或处于某种境界或思想活动之中"，而后者暗指"出工不出力"，即花费了时间却没有达到应有的效果。而"食书不化"也与此句"断事硬搬书中条款"的翻译意义不一致。

就读者群体来说，三段译文针对的读者可视为一致，因为能够读懂和理解译文（1）的读者，也能够读懂译文（2）和（3）。因此，针对相同读者群，这三段译文中，王译从各个方面最大限度地保留了 SS 的翻译意义，再现了培根的精神，是准确的翻译；孙译比水译保留了更多的翻译意义，与 SS 分享了更多的相关特征，因此是更好的翻译。

英国批判现实主义作家萨克雷（Thackeray）的小说《名利场》（*Vanity Fair*）里有一个被经常引用的句子：

例 6

yet, as it sometimes happens that a person departs his life, who is really deserving of the praises the stone-cutter carves over his bones; <u>who is a good Christian, a good parent, a good child, a good wife or a good husband</u>; who actually does have a disconsolate family to mourn his loss; ...

译文（1）

不过偶尔也有几个死人当得起石匠刻在他们朽骨上的好话。真的是<u>虔诚的教徒，慈爱的父母，孝顺的儿女，贤良的妻子，尽职的丈夫</u>，他们家里的人也的确哀思绵绵的追悼他们。……（杨必译，1957）

译文（2）

真的是虔诚的教徒，慈爱的父母，孝顺的儿女，能干（聪明）的妻子，忠实的丈夫。（张美芳，转引自王宾，2006：192）

第五章　从翻译不确定性看英汉互译的理论与实践

译文（3）

真的是善信（佛教用语，善男信女，名词）、严父、慈母、孝子、贤妻、良夫。（王强译，2013）

译文（4）

真的是好教徒，好父母，好儿女，好妻子，好丈夫。（李娟译，2010）

译文（5）

真的是虔诚的基督徒：慈爱的父母，懂事（荣耀父母）的儿女，顺从的妻子，尽职的丈夫。（何刚、黄鹂译，2013）

英语句子本身并不复杂，关键是"good"一词比较抽象，是照英文那样重复使用同一个单词，直接对应汉语的"好"呢，还是具体化处理，将"good"一词译为合适的、修饰不同对象的形容词？冯庆华（2002：18）认为，译文（4）"显得平淡无味"。廖七一（2004：163）却认为，"如果原文本身就很抽象，意义模糊，怎么理解都可能，译者就可以在符合译语习惯的前提下进行直译，让读者自己去领会"。我们来看这个句子的翻译意义：原文读者读到"a good Christian"联想到的具体词汇可能是"pious"、"devout"或"devoted"，而这三个英语单词都可对应汉语的"虔诚"。在基督教文化里，"a good parent"对他们来说最有可能的是"loving"，对应到汉语的慈爱。对"a good child"来说，东西方文化的联想意义有一定的差异。西方基督教文化中，好的"儿女"首先的联想意义应为爱父母的孩子，因为基督教的根基在于爱。更重要的是，爱父母，而且自己的行为真正能为父母带来荣耀,并且荣耀上帝的形象。因此,"a good child"是指"荣耀父母的儿女",为了汉译文字数对等,可翻译为"懂事的儿女"。而汉语对"a good child"的第一联想词"孝顺"对应的英文单词"filial",在英语文化里多为尊重之意。从这个意义上看,译文(5)比译文(1)和译文(2)保留的翻译意义更多。

"a good wife"在基督教里就是指顺从丈夫,虔诚驯服的妻子。这里的驯服不是简单地对丈夫言听计从,而是相信丈夫作为一个基督徒的言行决定都是首先考虑上帝,并且全力支持丈夫的意思。"a good husband"意味着"conscientious"与"responsible"(尽职)。而好妻子和好丈夫的含义在中国社会不同时代也有差异。杨必在20世纪50年代对以上英文表达翻译为"贤良"与"尽责";但张美芳教授在五十年后对她的学生进行的翻译测试中,对丈夫的要求已经不再是尽责,而是忠实,妻子也不一定要求是贤良的,而是能干的或聪明的。所以她认为,"翻译在概念意义上的词,命题意义上有错与对之分;但是在表情意义上的词,并没有对与错,是一个层次的问题,或者说是一个理解问题,是社会伦理道德或观念对译者伦理价值取向的影响"(转引自王宾,2006:192)。换句话说,译文(1)和(2)对"好妻子"和"好丈夫"的释义不同是针对中国不同时代的读者,这也是一个时代性的语境问题。时代不同了,对好丈夫、好妻子的隐含意义也会不一样。以前对丈夫和妻子"好"的标准是尽责和贤良,而新的历史时代却要求忠实与能干(或聪明)。根据翻译意义的标准,译文(1)与译文(2)对于SS来说是同样好的翻译,因为二者针对不同的读者(中国20世纪

50年代和21世纪初），在同等程度上保留了SS的翻译意义，与SS分享了相同数量的相关特征。

译文（1）和（2）是按照中国文化的价值观来翻译"good"的，丢失了原文里西方社会基督教文化中"good"的隐含信息。并且对应中国的宗教应为信徒而非教徒。但译文（3）将基督徒对应中国佛教的"善信"，后面的"严父"、"慈母"、"孝子"、"贤妻"及"良夫"也就顺理成章了。从这个角度看，译文（3）比译文（1）和（2）好。译文（4）用"好"直译"good"给译文读者留下联想的空间，他们可根据自己所处时代及文化背景来理解该词的具体内涵。但重复同一词汇显得平淡，且原文中基督教文化的背景没有译出。译文（5）为较好的选择，因为它保留了原文的"基督徒"一词，并译出了基督教对各种"good"的主要释义。译文读者读译本的目的之一就是要了解源语文化，如果按照前几种译法，对转换成目的语的文化观进行翻译也就失去了味道。因为在英译汉中将西方气息浓郁、洋气十足的原文翻译为充满中国文化色彩、土腔土调的译文，就会造成翻译腔调不对等的问题。从这个角度看，译文（5）保留了SS最多的翻译意义，与SS分享了比其他四个版本更多的相关特征，是可得的最佳翻译。

文学翻译，特别是诗歌翻译不仅要求似求真，更要求美，真与美协调统一就成了一大难题。二者能兼顾最好，如果为了真而牺牲了美可谓得不偿失。相反，如果为了美而失真，可以说是以得补失，"如果所得大于所失，那就是译诗胜过了原诗"（许渊冲，2005：3）。

接下来看英文诗歌的翻译。

由麦克司·威伯（Max Webber）所著的英文诗"夜"（Night）如下：

例7
Fainter, dimmer, stiller each moment,
Now night.

这首诗的翻译意义是从音、形、义三个方面来表达夜晚来临的意境。语义上是从夜晚来临漫长与不知不觉的渐进过程到最后突然降临。形式上，全诗总共两行，第一行巧妙地以诗行的长度来暗示黑夜来临的渐进过程，第二行则以诗行的短来体现人们往往是在不知不觉间感觉到黑夜降临的突然和急促，漫长与瞬间以一长一短的诗行形成视觉上鲜明的对比。在语音词形方面，"fainter"、"dimmer"及"stiller"三个双音节单词富有节奏。"er"的发音表达了一种单调的、模模糊糊的感觉，象征着机械渐进的过程，诗行先长后短，似乎一切戛然而止，上下衔接，完美绝伦。下面是这首诗的两种译文：

译文（1）
愈近黄昏，
暗愈暗，
静愈静，
每刻每分，
已入夜境。
（郭沫若译）

第五章 从翻译不确定性看英汉互译的理论与实践

译文（2）
　　一刻比一刻缥缈、晦暗、安宁，
　　夜，来了。
　　（辜正坤译）

译文（1）以意译为主，是传神派的译法。"fainter"、"dimmer"及"stiller"三个双音节比较级形容词对应两个汉语形容词"暗"、"静"与一个名词"黄昏"，用"愈"、"暗"和"静"的重复来表现比较级"er"。语义上基本正确，但少了一种渐进美感。在形式上靠近中国传统诗体（三言夹四言），押韵较工，用语较归化，语意显豁，自成一首诗，与原诗的形式有较大差异。译文（2）以汉语的三个形容词"缥缈"、"晦暗"及"安宁"来对译原诗的三个双音节形容词。原诗的比较级出现了三个"er"音，听觉效果无法直译，译文用"比"字和"一刻"的重复效果来表现和弥补。原诗"now"的停顿语气用一逗号来传达，语义上比较对等。原诗第一行长，第二行短，译诗亦然。

　　通过以上分析可以看出，两种译文都正确传达出原诗的基本内涵，虽然从诗的押韵及听觉美上均存在不足，但译文（2）比译文（1）在语义、语形及语音三个方面均保留了更多 SS 的翻译意义，传达了更多的美，是更好的译文。

　　在文学翻译评价中，要突出美的艺术价值，因此不确定性体现得更为明显。像梁启超那样为了体现浪漫、率性、轻逸超尘的个性，将英文"inspiration"（灵感）一词译为"烟丝披里纯"也未尝不可。

(三) 英汉商务类翻译案例分析

商务类翻译大致分为商务信函、商务合同、商业广告及商标翻译。一般来说,商务信函的翻译要求准确规范、礼貌得体。商务合同的翻译要求准确严谨、规范通顺。对于商业广告及商标的翻译则以商业目的为导向,文体上要求简洁、生动、短小精悍,多用简单句和省略句;语义上允许有更多的不确定性和创新性;在保留翻译意义的同时,以语用功能优先。

首先以一则商务信函为例:

例 8

Our prices already make full allowance for large orders and as I am sure you know, we operate in a highly competitive market in which we have been forced to cut our prices to the minimum.

译文(1)

我们的价格已经是大量批发的价格。另外,你也知道,我们所处的行业竞争十分激烈,逼得我们将价格压至最低。

译文(2)

我方报价已考虑到大批量订货的因素。相信贵公司了解我们是在一个竞争十分激烈的市场上经营销售业务,因而已经不得不把利润减到最低限度。

商务信函的翻译意义不仅包括字面表达的语义特征,还包括语用交际特征。译文(1)虽然在字面上与原文语义对等,但作为商业公函,"已经是"、"你也知道"以及"逼得"这样的语言表达不够委婉。从功能的角度考虑,译文(2)在措辞方面使用了"考虑到"、"相信贵公司"和"不得不"等表达,显得更加礼貌和得体。因而保留了更多的翻译意义,与 SS 分享了比译文(1)更多的相关特征,是比译文(1)更好的翻译。

接下来分析一段商务合同。

例 9

In case of quality discrepancy, claim should be filed by the Buyer within 30 days after the arrival of the goods at the port of destination.

译文(1)

如果质量不符,买方应在货物到达目的港之后 30 天内提出。

译文(2)

买方提出索赔,凡属品质异议,应于货物到达目的港之日起 30 日内提出。

商务合同的翻译意义以准确规范为突出特征,以避免歧义为起码要求。译文(1)是按照英文原句字面一般意义直译的,但像"quality discrepancy"及"claim"这样的术语在商务英语中都有专门的汉语表达法,应译为"质量/品质异议"和"索赔"。原句中时间范围"after the arrival of the goods at the port of destination"译为"货物到达目的港之后 30 天内"所指的范围太大,不精确,合同的严谨性不够,容易引起合同纠纷。如果处理成译文（2）的表达"货物到达目的港之日起 30 日内"则更为准确。因此，译文（2）比（1）保留了 SS 更多的翻译意义，是更好的译文。

广告是一种特殊的修辞表达，是用语言建构一种形象，让读者或听者看到、听到或体会到美的、可口的或者神奇的境况，并被这种情境所吸引，并最终转化为购买的行动。下面是麦斯威尔咖啡的广告语：

例 10
Good to the last drop.
译文（1）
好到最后一滴。
译文（2）
滴滴香浓，意犹未尽。

前面已提到，广告用语的翻译意义不仅仅是字面的，更是语用的，译语要使读者对译文的反应与原语读者对原文的反应相一致，目的就是要达到吸引读者，宣传产品的目的。译文（1）与原文从字面上看一一对等，但从语用效果来看却不如译文（2），因为汉语四字词这一特殊的语言形式更上口、更吸引注意力。符合人们饮用咖啡时的意境，将咖啡的香醇与饮者内心的感受结合得生动、完美，容易打动读者，使他们期待这样的意境，从而成为这个品牌咖啡的消费者。从语用功能的角度来看，译文（2）保留了更多的翻译意义，与 SS 分享了比译文（1）更多的相关特征，是更好的翻译。

第五章　从翻译不确定性看英汉互译的理论与实践

类似的例子还有斯沃奇（SWATCH）手表的广告语：

例 11

Time is what you make of it.

译文（1）

时间是你的。

译文（2）

天长地久

从字面来看，译文（1）是对原文的直译，而译文（2）与原文的字面意思有差别。但是在语用方面，译文（2）以汉语的四字成语对应原文，让人产生手表的质量好以及感情隽永的联想，比直译的效果更好，达到了广告宣传的目的。译文（2）保留了 SS 更多的翻译意义，是比译文（1）更好的翻译。

英汉商标翻译中，无论是采用音译、意译还是创造性译法，最根本的要求是等效原则，就是必须要以原文为基础，在忠实原文功能的基础上采用不确定的译法。如"优美的文字、易记的形式、吉利的含义，努力使消费者产生愉悦的感受、深刻的印象和美好的联想"（李明清，2009：20），从而达到推销商品的目的。商标翻译中以保留语用功能翻译意义而获得成功的例子有很多。如 P&G 公司旗下的洗发水品牌"Rejoice"和"Head & Shoulder"分别译为"飘柔"和"海飞丝"。这两则翻译与原文字面意思相差甚远，但从广告功能的角度看，有美感和创新的吸引力。这一类的翻译不能说它不忠实原文，这是一种升华，是对话语功能的忠实，是比直译原文更好的翻译。牙膏品牌

"Golgate"汉译为"高露洁",不仅音韵上相似,而且汉字的意义还暗示了商品的性能。类似成功的商标翻译还有,如:"Coca cola"(可口可乐)、"Benz"(奔驰)、"Best"(百得)、"Kent"(健牌)等。

(四) 英汉隐喻翻译案例分析

隐喻(metaphor)一词源自希腊词"metaphora",意指"转换""变化"。隐喻是"一种修辞格或文字组合法,用于指某种与其字面意思不符的表达式"。"最上乘的隐喻是通过表明某一词汇的字面意思与其所暗示的事物之间的相似性,来唤起一种复合词意和构成新词意的内心反应"(尼古拉斯·布宁等,2001:611)。也就是说,人们不把要说的话明确说出来,而是借用其他的语言来表达。如"他是个老狐狸"会唤起人们对"他"与狐狸典型特征相似性的联想,于是明白他是狡猾的。隐喻的这种对常规的偏离是为了突显语言表达,以达到前景化(foregrounding)的效果(Leech,1981)。德里达(1999:393)认为,"语言原本具有隐喻性","隐喻是将语言与它的起源联系起来的特点"。隐喻具有修辞学和诗学的功能,是名词的转换,要按照活动来定义(保罗·利科,汪堂家译,2004:7-14)。隐喻普遍地存在于语言之中。"隐喻常常被当作解释使用"(E.C.斯坦哈特,2009:202),在同一种语言内解释两种事物的相同性质,对隐喻的翻译就需要将这种解释扩展到目标语中。纽马克(2001:87-96)认为,隐喻翻译是一切语言翻译的缩影,因为隐喻的翻译复杂多变,根据语境,可采用多种方式进行。

隐喻广泛地应用于人们的日常交际及文学作品中,它的构成与人们的思维模式及社会历史文化因素密切相关。隐喻的翻译始于对隐喻的理解，汪堂家（2012：196-197）认为，"哲学理解是对隐喻进行解释的先决条件，但解释也为我们的理解提供了进一步的可能性"。"隐喻进入哲学话语使意义的扩展成为必要"。隐喻须从哲学的角度来理解，它将为我们展现出异彩纷呈的景象。由于隐喻的翻译是在不同语言之间进行的，不同的本体论承诺、思维模式差异及社会历史文化因素都会造成不确定性。英汉两种语言由于具有上述几个方面的差异性，在隐喻的翻译过程中，显示出特殊的不确定性。有时如果完全复制原语的隐喻形象，译文就会显得晦涩难懂；但如果完全换用目的语的隐喻形象，则原语的文化色彩就会丢失。因此，在翻译隐喻时，应根据语境及上下文，采取同时保留形象和意义、只传递意义、重塑形象以保留意义或是对意义和形象进行重新组合等方式。本小节将分析和对比英汉隐喻翻译典型案例。

例12

"You want your pound of flesh, don't you?"

译文（1）

"你要你那一磅肉，不是吗？"

译文（2）

"你要逼债是吗？"

这里的"pound of flesh"出自莎士比亚戏剧《威尼斯商人》。犹太人夏洛克逼人还债，如果不还，就要在债主身上割下一磅肉抵债。"pound of flesh"指某人所欠的债务，隐喻"合法但极不合理的要求"。如果按照译文(1)那样直译,不明白这一典故的译文读者就会感到迷惑不解。而译文(2)将隐喻处理为"逼债",虽然丢失了喻体,并非最完美的翻译。但从译文读者更易理解句子意义的角度来看,译文(2)比译文(1)保留了更多的翻译意义,与SS分享了比后者更多的相关特征,因此是更好的翻译。

例13

The teacher tapped on his desk and shouted: "Young men, Order!"

The whole class yelled: "beer!"

译文(1)

老师拍着桌子喊道:"年轻人,请安静!"

全班同学一起嚷道:"啤酒。"

译文(2)

老师拍着桌子喊道:"你们这些年轻人吆喝(要喝)什么!"

全班同学一起嚷道:"啤酒。"

老师本来是要让学生们安静,但因为"order"一词是双关语,既有表示"要求安静"之意也可指"请点餐"。而学生们显然明明知道老师的意图,却故意回答"啤酒",构成了对话的幽默效果。译文(1)只是按照字面意思翻译,失去了"order"这一双关隐喻的幽默感。而译文(2)巧妙地通过汉语词汇"吆喝"与"要喝"之间的谐音来对应英语的双关语,保留了原文中幽默的翻译意义。因此,译文(2)比译文(1)保留了更多的翻译意义,与 SS 分享了比译文(1)更多的相关特征,是更好的翻译。

例 14 - 1

"As you say," replied Clara. "I should be the marvel. I am," he laughed. There was silence in which they hated each other, though they laughed. "Love's a dog in a manger," he said. "And which of us is the dog?" She asked. "Oh well, you, of course." So there went on a battle between them. She knew… (Chapter 13, *Son and Lovers*)

"——你真的像你自己说的那么好……"克莱拉回答。"那可真是个奇迹。"他大笑。随后俩人都默默无语,尽管他们脸上挂着笑容,可心里都在恨对方。"爱情就像一个占住茅坑不拉屎的人。"他说。"我们中谁占住茅坑不拉屎呢?"他问。"噢,那还用问吗,当然是你啦。"他们就这样进行着舌战。她知道……(《儿子与情人》第十三章,刘一之等译)

(张莅荟用例,2009:86 - 87)

例 14 - 2

"To be with, Well!" said Catherine, perceiving her hesitate to complete the sentence. "With him: and I won't be always sent off!" She continued, kindling up. "You are a dog in the manger, Cathy, and desire no one to be loved but yourself!" "You are an impertinent little monkey!" exclaimed

Mrs. Linton, in surprise. "But I'll not believe this" (Chapter 10, Wuthering Heights)

——"我要跟——""怎么！"凯瑟琳说，看出她犹豫着，不知要不要说全这句话。"跟他在一起，我不要总是给人打发走！"她接着说，激动起来。"你是马槽里的一只狗，凯蒂，而且希望谁也不要被人爱上，除了你自己！"(《呼啸山庄》第十章，杨苡译)

(张蓊荟用例，2009：87)

在上例中，两段均出现了"dog in the manger"这一隐喻，但两段译文的处理方式却不一样。当狗与马槽两个概念同时出现在译者的头脑中，是两个不相干的概念，译者试图建立起二者的联系：马槽本来是喂马或牛等牲口的，现在却被狗占领了。狗占领了马槽，却不吃马槽里的食料，其结果是导致本该在此位置吃食料的马牛无法正常进食。因此，"狗在马槽"这一情景给译者传递的信息为"占据有利位置而妨碍别人正常干事或者阻止他人正当做事"。这一深层次的含义在第一段中与上下文的爱情主题相结合，产生出"爱情妨碍某人干自己想干的事情"。又由于在原文中主人公保罗对克莱拉没有真情，两人在交谈时也是表面带笑，心里藏恨的。这一点从上下文中的英语表达可以看出："There was silence in which they hated each other, though they laughed"。保罗与克莱拉说这句话时，心里明显有一种厌恶的情绪，翻译意义必然包含着这样的情绪。因此，译者将此句译为与原文隐喻意义对等且感情色彩浓厚，带有贬义的汉语习语"占住茅坑不拉屎的人"，较好地保留了情感上的翻译意义。

第五章　从翻译不确定性看英汉互译的理论与实践

在第二段伊莎贝拉与凯瑟琳之间的谈话中，前者对后者是有怨气的，因为自己所喜欢的希斯克厉夫的心上人却是自己的嫂子，即谈话的对象凯瑟琳。于是伊莎贝拉便对凯瑟琳说出了带有明显醋意的一句话"You are a dog in the manger"，意为"凯蒂是占着茅坑不拉屎的人"。但是与第一段不同的是，说话人对听话者的厌恶之情并没有那么强烈，并且考虑到说话人的身份，于是译者没有使用带有强烈感情色彩且不文雅的汉语习语"占住茅坑不拉屎"，而采取了将英语表达直译为"你是马槽里的一只狗"。虽然这并非汉语的地道表达法，但译文读者的常识及社会生活经验足以使他们通过语境达到理解的目的。这样，译文较好地保留了原文的翻译意义。

通过以上分析我们得出结论，同一隐喻"a dog in the manger"在不同语境中的两种不同译法（"占住茅坑不拉屎的人"、"马槽里的一只狗"）在同等程度上保留了 SS 的翻译意义，与 SS 分享了相同数量的相关特征，是同样好的翻译。

再来看一下英文中几种动物的隐喻。

例15：

(1) "as poor as a church mouse"（上无片瓦，下无寸土）
(2) "as timid as a hare"（胆小如鼠）
(3) "as strong as a horse"（力大如牛）

在英文中，教堂的老鼠意味着一无所有；兔子是最胆小的；马的力气很大。但是对应的汉语却不能确切地表达原意。在中国，教堂是在近代由西方传进来的，所以教堂老鼠在中国文化并无特别之意。而兔子在中国文化中象征智慧与机敏,老鼠才是最胆小的;在中国的农耕文化体系中,牛是农夫重要的耕田工具,大力的是牛,而非西方商业社会的交通工具马。这种由社会文化因素造成的隐喻差异,在翻译过程中需要重塑形象以保留意义,如"胆小如鼠""力大如牛",或者采用只传递意义的方法,如"上无片瓦,下无寸土"。

习语是隐喻的集中体现。英汉习语隐喻中有喻体和喻意对等相同的,也有差异较大的。例如"I'm blue today"翻译为"我今天心情不好",而非"我今天是蓝色的"。因为在汉语中,可以用灰色隐喻心情不好,却不用蓝色。又如"A yellow dog"指可鄙的人或卑鄙的人;在"He is too yellow to stand up and fight"一句中,"yellow"表示"太怯懦了"。但汉语中没有这样的用法。英汉语颜色与心情的隐喻不对等源于文化差异及思维方式的不同。但是"I'm up / down today"却几乎可以直译为"我今天情绪高涨/低落",因为英汉两种语言都视空间方位的"喜悦是上"、"悲伤为下"。这一隐喻现象可以用洛克(1979:119-120)关于感觉材料中第一性的质(primary qualities)与第二性的质(secondary qualities)的区别来进行解释。洛克认为,第一性的质是基本的,如固态(solidity)、广延(extension)、动静(motion or rest)、形状(figure)及数(number)等。它们更接近客观世界,是外在的和固有的,是与物体不可分的性质。而第二性的质是派生的,是由它们无感觉的部分,即第一性的质作用于人体感官的结果,如颜色(color)、声音(sounds)、滋味(tastes)以及气味(smell)等。第二性的质脱离人的心灵是不存在的,因此是主观的。它是一

第五章　从翻译不确定性看英汉互译的理论与实践

种能力，这种能力易受心灵影响，而人的心灵又是受历史文化、社会环境诸因素影响的。上述英汉语言中对空间方位概念的隐喻一致以及对颜色的不同隐喻认知方式就是很好的说明。其他类似的例子还有："As firm as a rock"（安如磐石）、"Thick-faced"（厚脸皮）等。

英汉习语隐喻的翻译呈现出多样性：对等直译法、借用法、意译法、直译加意译法等。

对于一些联想意义明显，同一形象对来自英汉两种文化的读者都容易理解并引起相同联想的习语，可以采用对等直译的方法，不需要引申和注解，喻义自明。例如："Blood is thicker than water"（血浓于水）、"to be armed to the teeth"（武装到牙齿）、"God helps those who help themselves"（自助者天助）、"to head wolf into the house"（引狼入室）、"A rolling stone gathers no moss"（滚石不生苔）、"Shuttle diplomacy"（穿梭外交）、"the cold war"（冷战）、"Barking dogs do not bite"（吠犬不咬人）、"You are pouring cold water on me"（你这是向我泼冷水）。采用直译法的优点是可以保留原文的形象和色彩，促进跨文化交流。值得一提的是，从英语中通过直译法引进的习语在汉语中长期使用后，已获得人们的普遍认同，有些已成为新的表达法补充到汉语语言体系中。如汉语的"蓝图"来自英语习语"blue-print"，"战争贩子"译自"war-monger"，"夹着尾巴"源自"with the tail between the legs"。

有的英语习语在汉语中可以找到完全对应的表达；有的英汉习语之间喻意相同，但在喻体或形式上有不同程度的差异。这一类习语在翻译时可以采取借用法。借用分两种情况：第一种是英汉两种习语的喻体和喻意都一致，例如："Strike while the iron is hot"（趁热打铁）、"Failure is the mother of success"（失败乃成功之母）、"Where there is a will, there is a way"（有志者事竟成）、"Like father, like son"（有其父，必有其子）。另一种习语是喻体和喻意不完全对等，例如："To shed crocodile tears"（猫哭老鼠）、"To spend money like water"（挥金如土）、"To laugh off one's head"（笑掉牙齿）、"Six of one and half a dozen of the other"（半斤八两）、"To look for a needle in a haystack"（海底捞针）、"Do not teach fish to swim"（不要班门弄斧）、"Cats hide their claws"（知人知面不知心）、"Money does not grow on trees"（天上掉不下馅饼来）、"New brooms sweep clean"（新官上任三把火）、"Nothing is easier than fault-finding"（站着说话不腰痛）、"One swallow doesn't a summer make"（独木不成林）、"Put the cart before the horse"（本末倒置）、"Have a card up one's sleeve"（胸有成竹）。

每一个民族语言都有它自己的词汇、句法结构和表达方式。带有浓厚民族文化特征的习语无法通过直译法或借用法进行翻译，所以只能采用意译的方法。所谓习语的意译法就是可以不拘泥于习语原文的形式，通过解释的方式将习语的喻意直接表达出来。例如："Late fruit keeps well"（大器晚成）、"by hook or crook"（不择手段）、"An Indian summer"（秋天里的小阳春）、"A brown study"（深思默想）、"To rain cats and dogs"（倾盆大雨）。"I am here like a fish out of water"（因为环境生疏，我在这里感到不自在）、"One who mastered the secrets generally makes no figure"（真正的高手通常都深藏不露）、

第五章 从翻译不确定性看英汉互译的理论与实践

"Worship carries her off her feet"(宗教使她痴迷癫狂)、"Carry one off one's feet"(狂热得飘飘欲仙,失去了理智)。意译是一种折中的手段,是在汉语中找不到对应的英语习语时采用的翻译方法。意译不能脱离原文的根基,必须忠实于原文的思想内容。通过意译的习语在一定程度上会丢失原文的隐喻翻译意义,但这可以通过汉语的语言优势加以弥补。

在仅仅使用直译或意译一种方法时,习语的翻译意义不能达到理想的保留状态,即直译不足以明理,意译又失去原文特色。这时可以将两种方法结合起来以弥补单纯使用一种方法的不足,即首先直译保持原文的隐喻形象,再通过意译加以补充说明,以更加完整清楚地传达原文的含义。这种方法可以称为直译意译法或直译加注法。例如:"Make hay while the sun shines"(趁着晴天晒干草,勿失良机)、"Many words hurt more than swords"(刀剑伤人犹可医,恶语伤人不好医)、"to shed crocodile tears"(鳄鱼流眼泪,假慈悲)、"the Old Lady of Threadneedle Street"(绰号"穿线街老太太"的英格兰银行)、"Achilles' heel"(阿喀琉斯的脚踵,唯一的致命弱点)、"Pandora's Box"(潘多拉的盒子,灾祸之源)、"Dominoes"(多米诺骨牌,连锁效应)。

隐喻翻译的根本依据在于喻意,如果能够在汉语中找到语词与喻意对等的隐喻,翻译就可达到最佳的程度。在其他不确定的情况下,只有意义或喻意才是真正确定的东西。上述各种隐喻翻译方法只是最有可能的一种或几种,究竟采用怎样的表层的语言表达法,要根据语境和保留翻译意义的多少进行取舍,因为不确定的语言表达最终是以深层的意义为导向的。

（五）英汉口译案例分析

口译场景包括国际会议、采访座谈及日常寒暄等。法国释意派口译理论研究者达尼卡·赛莱斯科维奇（1992）认为口译的标准是"达意、通顺"；李越然（1999：9）认为，口译标准可以概括为"准确、通顺、及时"；梅德明（2007：339）则将口译的基本标准概括为"准确"与"流利"。"准确要求译员将原语一方的信息完整无误地传达给目的语一方"，"包括主题准确、精神准确、论点准确、风格准确、词语准确、表达准确、语速准确以及口吻准确等方面"。口译的准确与笔译不同，要从大处着眼，抓住实质而不拘泥于细节。有学者认为，进行口译，永远不要忘记其目的是传递意思，永远不要过分去迁就原文短句结构和短句字词，切莫按照原文和结构去翻译，因为字词和结构都只是些符号，指明了道路通往的方向，却不是道路本身（达尼卡·赛莱斯科维奇等，1992：109）。译员应在听懂说话者基本意思的基础上，不拘泥于原句的语言表达形式，用目的语快速地将核心意义表达出来。但要注意"交际一方过快或过慢的语速、明显的口误或浓重的口音，译员不可鹦鹉学舌般地如数传递给另一方"（梅德明，2007：339）。口译的速度受多种因素的影响，如口译的类型、内容、场合、对象、风格等。"一般说来，我们可以依据译员所用的口译时间是否同发言者讲话时间大体相等来衡量口译是否属于流利"（梅德明，2007：340）。不同语境对口译的要求不同，但总体来说，由于即时性和现场性等特点，口译对准确性的要求没有笔译高。在口译思维理解过程中，"参与主体之间通过情感协商，话语互动与意图连通等方式发生碰撞，高效完成话语意义的理解"(谌莉文、梅德明,2010:71),并在当场通过信息接收、解码、记忆、编码,最后完成话语的输出。季羡林先生(2007:22)认为,"口译与笔译不同,口译要求达到百分之百的准确,是很难做到的。一个译者能译百分之七八十,就很不错了"。

在口译中如果遇到没有听清楚或者听不懂的部分,译员可根据具体情况灵活处理。首先可以根据说话者的声音、语调、手势、面部表情以及上下文进行猜测,如果事前有足够的准备,通过情感协商充分了解发言者,临场时正常发挥专业水平,猜测正确的可能性就会很大;其次,译员还可以判断清楚的这一部分是否重要,如果不译出也不影响原句的意思,就可以忽略;最后,在非正式场合或在场人数不多的情况下,译员还可以通过询问发言人以求得解释或说明。

以下是译员成功处理上述情况的两个例子:

例 16

Another environmental event took place in the United States in 1993. 4000000 people in Milwaukee, Wisconsin, became sick from the drinking water. More than fifty people died. An organism in the water called cryptosporidium was to blame.

另一次可怕的环境污染事件发生在1993年。美国威斯康星州密尔沃基市40万人因饮用水污染生病,50多人死亡。水中的一种有机物是罪魁祸首。

(梅德明用例,2007:236)

由于译员不懂专业词汇"cryptosporidium"（隐形孢子），便采用忽略的方式，只说"一种有机物"；这里还可以采用的办法是音译，即直接读出原词。以上两种处理方法都未丢失原文基本的翻译意义，从整体来看都不影响交流。

在某国际学术研讨会总结会上，世界卫生组织官员，美国籍专家Peter Fajans感谢中国专家组及会议主办方工作人员，他发言的大意是：

例17

"It has been a long time for the past 15 days working with all of you. But today I feel time past so fast. Thank you for your support and cooperation！"

而口译员可能没有听清楚，他的翻译是：

"今天天气晴朗，我的心情也很愉快，因为我们的研讨会顺利结束了，我感谢大家"。

从字面来看，除了感谢这一关键信息之外，其他的翻译都有误，可以说是偏离很大。但是从以上这句英文的功能来看，口译者基本抓住了要领，在具体场合的处理方式也不会引起误会，虽然没能精确地传达说者的讲话内容，但关键信息并未丢失。也就是说，译员通过与讲话者的意图连通，保留了翻译意义中的语用因素。这在一些口译场合也是可以接受的。但口译现场对翻译不够准确的可接受性，也是有限度的。例如在正式的学术研讨会、答记者问等其他口译场合，对原文语义的把握要求比日常寒暄更高。即使对原文的顺序，语法结构，非关键信息如副词、插入语及副语言特征等的要求可放松，也要求把讲话人陈述的所有要点都翻译过来。

二 汉英翻译的案例分析

英语思维为线形结构，比汉语更注重上下文在形式上的联系，常常通过连接词来实现篇章的衔接与连贯。英语还受西方哲学认识论中主客体关系这一核心问题以及分析性思维模式的影响，因而不接受像汉语那样的无主句。例如汉语无主句"累得我走不动了。"翻译成英语时要加上形式主语"it"和连接词"so...that"："It makes me so tired that I cannot walk any more."在汉译英过程中要充分考虑这些差异。

本节主要选用具有代表性的中国古代典籍、文学名著以及其他典型案例，同样分科学类、文学类、商务类、隐喻及口译四个部分进行汉译英的文本分析。

（一）汉英科学类翻译案例分析

中医理论基础典籍《黄帝内经》是我国传统医学四大名典之一，是现存最早的较系统反映上古时代到秦汉时代的医学成就的书籍。《黄帝内经》自1925年首次被译为英文以来，到目前为止共有11个英译本（包括节译、选译及编译等）。本小节选取李照国与吴连胜和吴奇译本中的两段进行比较。

例18

《黄帝内经》65.5节原文

黄帝曰:"妇人无须者,无血气乎?"

译文(1)

Huangdi said, "Woman does not have beard or moustache. Does it mean that she has no blood and Qi?"(李照国译)

译文(2)

Yellow Emperor asked:"A woman has no beard, is it because she has no blood and energy?"(吴连胜、吴奇译)

这两段译文最大的区别在于一个将中医的"气"翻译为英文的"energy",另一个则直接音译为"Qi"。根据中医理论,"气"是指构成人体和维持人体生命活动的精微物质,脏腑组织的机能活动,体内的物质交换,中药里的寒热温凉。气是人的根本,人体的生长、发育、衰老、死亡和疾病的发生发展都与气的盛衰、运动变化有关。中医临床上说的"气虚"是指人体脏腑功能衰退而抗病能力差。而英语的"energy"一词是指活力、精力、能量,只诠释了中医"气"的部分内涵,用"energy"一词来翻译"气"会丢失部分翻译意义。这种由于文化差异导致的无法找到对等语词的情况,还是采用李照国的译法较为妥当,因为只有这样才能最大限度地保存翻译意义,从而达到对原文的忠实。另外,将"皇帝"译为"Yellow Emperor"也一直存在着争议,还是用音译为"Huangdi"更好。因此,译文(1)比译文(2)保留了SS更多的翻译意义,与SS分享了更多相关的特征,是更好的翻译。

例 19

65.6 岐伯曰:"冲脉、任脉皆起于胞中,上循背里,为经络之海,其浮而外者,循腹右上行,会于咽喉,别而络唇口。血气盛则充肤热肉,血独盛者澹渗皮肤,生毫毛。今妇人之生,有余于气,不足于血,以其数脱血也,冲任之脉,不荣口唇,故须不生焉。"

译文(1)

Qibo said, "The Chongmai (Thoroughfare Vessel) and the Renmai (Conception Vessel) all start from the uterus, run along the interior of the back and are the seas of the Channels and Collaterals. [The parts that run] superficially beneath the skin ascend along the abdomen and converge over the throat. [One of the] branch circles around the lips. [If] the blood and Qi are abundant, the skin will be nourished and the muscles will be warmed. [If] only the blood is abundant, it will infuse into the skin and nourish the body hair. The physiological characteristics of woman are excessive in Qi and insufficient in blood [due to the fact that she] frequently loses blood. [As a result, the blood and Qi in] the Chongmai (Thoroughfare Vessel) and the Renmai (Conception Vessel) cannot [flow upward] to nourish the mouth and the lips. That is why [woman] does not have beard and moustache."(李照国译)

译文(2)

Qibo said: "Both the Chong Channel and the Ren Channel

are starting from the bladder, they ascend along the inner side of the spine and they are the sea of the channel. The superficial Chong and Ren Channels ascend along the abdomen respectively and meet in the pharynx, then they bypass around the mouth and the lips. When the energy is overabundant alone, one's skin will be hot, when the blood is overabundant alone, one's hair will grow. For a woman, when her energy is having a surplus, but her blood is insufficient due to the monthly menstruation, so her Chong and Ren Channel cannot nourish her mouth and lips, and she has no beard."（吴连胜、吴奇译）

在"冲脉、任脉皆起于胞中"一句的翻译中，译文（1）将"胞"翻译为"uterus"（子宫），而译文（2）则为"bladder"（膀胱），二者将"胞"对应于西医的不同脏器，均与西医本身血管的起源器官不相符合。但既然是"起于胞"，而"胞"的翻译意义包括"源头"或"本源"的含义，因此，从子宫为孕育生命之器官的角度来讲，似乎比膀胱作为两脉之源更为合适。另外，《黄帝内经》多处出现"膀胱"一词，而没有"子宫"这一表达，译文（2）将这两个表达均翻译为"bladder"显然欠妥。因此，将"胞"译为"uterus"保留了比译为"bladder"更多的翻译意义。在这一段中，译文（2）对"经"与"脉"的翻译均为"channel"，而译文（1）将经译为"channel"，将脉译为"vessel"，且采用音译加括号解释的方式，如将"冲脉"和"任脉"处理为"The Chongmai（Thoroughfare Vessel）and the Renmai（Conception Vessel）"。根据《黄帝内

第五章 从翻译不确定性看英汉互译的理论与实践

经》,"夫十二经脉者,人之所以生,病之所以成,人之所以治,病之所以起……"并有"决生死,处百病,调虚实,不可不通"的特点,"经脉"类似于西医的血管、神经及淋巴等组织系统;又由于中医的把脉与西医的"pulse"(脉搏)及血管有关。因此,将"经"与"脉"分别翻译或解释为"channel"和"vessel"比笼统译为"channel"会保留更多的翻译意义。

在形式上,译文(1)对原古汉语没有而翻译成现代英语时必须加上的表达用括号的方式进行了处理,虽然对应了原文,但读起来有些烦琐,不十分流畅。译文(2)没有这样的对应却也避免了阅读上的麻烦。从风格上来看,两种译文均为科学类体裁,清晰明了,没有过多的修饰。

总体来看,译文(1)更好地体现了"译古如古,文不加饰"的思想,并且在词汇含义方面比译文(2)保留了更多 SS 的翻译意义,与 SS 分享了更多的相关特征,因此是更好的翻译。

《论语》为中国古代圣人孔子与其学生关于修德、治国及为学等方面的对话记录,英译本较多。本节选取辜鸿铭、威利(Arthur Waley)、理雅各(James Legge)及庞德(Ezra Pound)四人的译本进行比较。

例20

《论语》(学而第一)第十五章,子贡曰:"贫而无谄,富而无骄,何如?"子曰:"可也。未若贫而乐道,富而好礼者也。"子贡曰:"《诗》云:'如切如磋,如琢如磨。'其斯之谓与?"子曰:"赐也,始可与言《诗》已矣,告诸往而知来者。"

译文（1）

A disciple of Confucius said to him, "To be poor and yet not to be servile; to be rich and yet not to be proud, what do you say to that?" "It is good." replied Confucius, "but better still it is to be poor and yet contented; to be rich and yet know how to be courteous."

"I understand," answered the disciple: "we must cut, we must file, must chisel and must grind." "That is what you mean, is it not?" "My friend," replied Confucius, "now I can begin to speak of poetry to you. I see you understand how to apply the moral."（辜鸿铭译）

译文（2）

Tsu-kung said, "'Poor without cadging, rich without swagger.' What of that?" The Master said, "Not bad. But better still, 'Poor, yet delighting in the Way, rich, yet a student of ritual.'" Tzu-kung said, "The saying of the Songs,

'As thing cut, as thing filed, as thing chiseled, as thing polished' refers, I suppose, to what you have just said?" The Master said, "Ssu, now I can really begin to talk to you about the Songs, for when I allude to sayings of the past, you see what bearing they have on what was to come after."（威利译）

译文（3）

Zigong said, "What do you pronounce concerning the poor man who yet does not flatter, and the rich man who is not proud?" The Master replied, "They will do; but they are not equal to him, who, though poor, is yet cheerful, and to him, who, though rich, loves the rules of propriety."(理雅各译)

Zigong replied, "It is said in the Book of Poetry, 'As you cut and then file, as you carve and then polish.' —The meaning is the same, I apprehend, as that which you have just expressed." The Master said, "With one like Ts'ze, I can begin to talk about the Odes. I told him one point, and he knew its proper sequence."

译文(4)

Tze-King said: Poor and no flatterer, rich and not high-horsey, what about him?

He said: Not like a fellow who is poor and cheerful, or rich and in love with precise observance.

Tze-King said: It's in the Odes as you cut and then file; carve and then polosh, That's like what you mean?

Ts'ze here, one can begin to discuss the Odes with him; gave him the beginning and he knew what comes (after it).

(庞德译)

从整体风格来看,原文简约生动,亲切随意的会话中蕴涵着深刻的哲理。译文(1)清晰流畅;译文(2)通俗易懂;译文(3)正式严谨;译文(4)富有诗意。古汉语原文形式简洁,巧妙运用四字词语,形象生动,节奏明快。译文(1)以现代英语清晰流畅地翻译原文,适当增加、删减词汇,使译语衔接更加自然,"使原先语气平平的问答突然间有了生气,读者仿佛就站在子贡和孔子身旁,亲耳听见他们的对话一般"(金学勤,2009:99),如"I understand"、"My friend"以及"is it not?"。原文的"曰"分别用"said"、"replied"和"answered"来表达,通过这样的变换表达法而避免了过多重复,译文读起来更地道。译文(2)句式贴近原文,表述简练,直白易懂,但有口语化倾向,如"I suppose"。有人评价威利的这种地道的英语表达法是以牺牲原文准确性为代价的。因为翻译的作用之一,就是从译语文化引进新的思想,而这必须依赖新的语言加以表达,如果总是用熟悉的语句来代替陌生的概念,则只能永远在旧的思维里打转(Goldblatt, 1999:33-47)。译文(3)措辞古雅正式(如"propriety"、"proper sequence"等),多用复句,缺点是稍显呆板冗长,语言陈旧,行文生硬,感觉是在板着面孔说教,与原文简练、含蓄的风格不符,降低了译文的可读性。将"何如"二字译为"What do you pronounce concerning…"显得非常正式,不适合《论语》中师徒间亲密随和的对话语气。在翻译"未若贫而乐,富而好礼者也"两个小句时,"理雅各连用两个'who',然后停顿,再插入'though',使整个句子完全失去了生机,显得僵化,读起来犹如干瘪的经文"(金学勤,2009:100)。这些语言特点与他作为传教士的身份是相吻合的。理雅各以《圣经》为出发点,带着基督教徒的眼光来翻译《论语》,使译文中留下了传教士的动机和偏见,并打上了西方文化的烙印。理雅各在翻译中尽量做到客观公正,译文大多采用直译,几乎是按照中文逐字翻译,尽量遵循原文的思维形式和句法结构,用的是19世纪书面语体英文,措辞古雅,译笔严谨。

第五章　从翻译不确定性看英汉互译的理论与实践

译文（4）以诗的节奏、形式及语言来表达原意，简洁凝练，富于美感。但社会科学类文章不需过分追求形式的美，庞德的译文与原文形式偏离太多。

原文最后一句出现了称呼语"赐"和代词"诸"，而其他人称代词均省略。四段译文在处理上差异较大，体现了译者对原文人际意义的不同理解（胡红辉、曾蕾，2012：47）。何刚（2002：23）认为，"表达行为是表达者的个人心理信息走向互动的过程"。文本与读者的互动主要通过阅读理解，而对话的互动不仅表现在话语意义的理解方面，还可以通过双方在对话中的称呼语来表现。原文中"赐"是孔子对他的学生子贡的称呼。"诸"译为现代汉语可指代人或物"他"、"她"或"它"。在这段话的具体语境中，"赐"的翻译意义为说话的双方，"我和你"。译文（1）"诸"的翻译为"my friend"，译文（2）用的是"Ssu"。在人称代词方面，两段译文均使用了"I"和"you"，表达了师生之间谈话的亲密随意。译文（1）和译文（2）均生动地再现了原文谈话双方各自的心理信息走向互动交流的过程。而另两段译文对"赐"的翻译分别为"with one like Ts'ze"和"Ts'ze here"；人称代词分别包括"I、he、him"和"one、he、him"。前者给人的感觉是"老师对学生居高临下的评价"；后者"表示译者本人对子贡的一种评价，完全改变了原文的人际意义"（胡红辉、曾蕾，2012：48）。因此，从人际意义上看，前两段译文保留了更多的翻译意义。

总体来看，辜鸿铭以介绍真正的中国文明为目的翻译《论语》，他反对翻译中的"西化"，力图"弘扬中华文明的优越性和普世性"，"通过'归化'的方式让西方人士亲近和尊重中华文明，进而把中国文化推介到西方"（杨平，2011：155-156）。译文亲切自然、生动有趣。从语用意义、语言表达形式和风格几个方面综合评价，译文（1）保留了最多的翻译意义，与 SS 分享了比其他三种译文更多的相关特征，是可得的最佳翻译。

（二）汉英文学类翻译案例分析

在文学翻译求美与求真的协调过程中，还应特别注意汉译英中汉字的特点造成的翻译困难。汉字不仅具有音美和意美，而且具有视觉上的形态美。当译者以缺少形美的英语来翻译汉语的文学语言时，会丢失汉语中形美的信息。汉语是意合的语言，而英语则是形合的语言，因此，汉语中连词、介词等的使用频率比英语小得多，这就形成了密度和灵活度都较大的意象的组合。"中文没有严格的形态变化，可以突破时空关系，主宾关系，有很大的弹性，给读者留下了补充的余地"（许渊冲，2005：66）。这给汉语文学作品，特别是诗歌的英译留下了很大的不确定性，同时也给了译者更多的创作空间。文学作品的美感在翻译意义中占有主导的地位。

清朝沈复的自传体散文《浮生六记》中描写作者丧妻之痛的一段话如下：

例 21

当是时，孤灯一盏，举目无亲，两手空拳，寸心欲碎。绵绵此恨，曷其有极。

译文（1）

A solitary lamp was shinning then in the room, and a sense of utter forlornness overcame me. In my heart opened a wound that shall be healed never more. (林语堂译)

译文（2）

When it happened there was a solitary lamp burning in the room. I looked up but saw nothing, there was nothing for my two hands to hold, and my heart felt as if it would shatter. How can there be anything greater than my everlasting grief? （白伦、江素惠译）

（马会娟用例，2013：37）

原文除开头表示时间的状语由三字词构成，其余的六个短句均为汉语的四字词语，语言精简凝练，对仗工整。前三句描写景况，后三句表达心情，意境凄凉、哀婉。译文（1）并未针对原文逐句翻译，而是用两个英语复合句表达作者此时的心境，读起来明白流畅。译文（2）则是将原文逐句译成英文。从单个的句子来看，翻译都是准确的，但汉语转换成英语之后，失去了原文特有的简洁、工整以及节奏的美感；译文显得累赘、生硬，基本意思传达正确但没有意境之美。

就整体而言，译文（1）不受字面的约束，将原文作者丧妻之后痛苦无助、孤单凄楚之意境表现了出来，给读者以艺术美的享受；而译文（2）只是对原文呆板机械的对译，失去了文学作品的美感。因此，译文（1）比译文（2）保留了更多的翻译意义，分享了SS更多的相关特征，是更好的翻译。

例22

杜甫的两句诗"文章千古事，得失寸心知"有如下三种英译文：

译文（1）

A piece of literature is meant for the millennium.

But its ups and downs are known already in the author's heart.（《杨振宁文选》英文本序言）

译文（2）

A poem may last a thousand years.

Who knows the poet's loss and gain?（许渊冲译）

译文（3）

A verse may long, long remain.

Who know the poet's smiles and tears?（许渊冲译）

（许渊冲用例，2005：4-5）

原诗在音、形、义三方面都具有美感。三个译本均没能对应汉语诗句的五言对仗整齐美。英译文（1）具有意似，但在音和形两方面的美感上都是有所缺失的。从局部对等来看，译文（1）中"A piece of literature"对"文章"的英译比后两者"A poem"和"A verse"更为意似，但从整体上来看，（2）和（3）虽不如（1）意似，但传达了一种意美，加上音与形之美，整体效果足以弥补意似之不足。从词意上看，"long long remain"比"for the millennium"及"a thousand year"对译"千古事"更富有诗意的美。"得失"一词的翻译中，"smiles and tears"比"ups and downs"及"loss and gain"更具有形象美。句型上，"who knows"句型比陈述句被动态"known"更能激起读者的情绪。风格上，译文（2）和（3）是诗歌体裁，对应原文，而

第五章　从翻译不确定性看英汉互译的理论与实践

译文（1）不是。因此，从诗歌的翻译意义中美感占有主导地位来看，译文（3）保留了最多的翻译意义，分享了 SS 最多的相关特征，是最佳的翻译。译文（2）比译文（1）保留了更多的翻译意义，分享了 SS 更多的相关特征，是更好的翻译。

宋代女词人李清照的《声声慢》因选语恰切新颖，形象生动，音调谐美，历来被人称赞。尤其是上片头三句，写出了词人凄凉、悲伤与忧愁的情怀。意境顿挫凄绝、如泣如诉、哀婉动人。现选用许渊冲、林语堂及朱纯深三位先生的英译文进行比较分析。

例 23

寻寻觅觅，冷冷清清，凄凄惨惨戚戚。

译文（1）

I look for what I miss, ／ I know not what it is. ／ I feel so sad, so drear, ／ So lonely, without cheer. （许渊冲译）

译文（2）

So dim, so dark, ／ So dense, so dull, ／ So damp, so dank, so dead.

（林语堂译）

译文（3）

Searching, seeking, endlessly. ／ Alone, lonely, ／ Moody, gloomy.

（朱纯深译）

原文通过音、形、义三者完美整合，共同构造词人漫无目的、失魂落魄、内心凄凉的意境。七字重叠后由十四个叠音字组成三个句子，平平仄仄，仄仄平平，平平仄仄仄仄，第一句与第三句押仄声韵，前后呼应。前两句为四字叠句，对仗整齐。后一句为六字叠句，在仄音后再加两个仄音，给人一种从高处突降的失纵感。语义上，寻找、冷清、凄惨，层层递进，表达了词人从最初的怀有一线希望，到希望落空，而后心情沮丧到极点的跌宕起伏的全过程。历代名家对这三句有极高的评价："读之真如大珠小珠落玉盘也""精工巧丽，备极才情"，"开头三句叠字，如风雨骤至，把孤独寂寞的迷离彷徨之感，大笔濡染，绘上了浓重的色彩。""叠字的运用可加重语气、增强感情、突显事情，造成一种急促、跳动、铿锵的音乐效果"（徐北文，1990）。翻译这三句时，应力求译出翻译意义中音形义完美结合的意境。

译文（1）以四个英语句来表达，并在第三行和第四行用了重复句式，抓住了原词寻找、失落及孤独的基本意思。但缺乏音形之美，在对词义的准确把握上欠佳，失去了原词寂寞惆怅的意象美。译文（2）用了头韵和重复句式来再现原文，七个形容词，层层递进，一个比一个深刻。生动再现了作者从凄苦到悲伤，最后绝望的心境。但七个形容词给读者的感觉是静态的一幅画，缺乏寻觅过程的动态美感，与原文的动态意境不相符。译文（3）一共七个单词，其中四个形容词，两个动名词和一个副词，除副词为三音节词外，其余六个单词均为双音节词，三行均押尾韵。排列上，第一行三个单词，其余两行各两个单词。这样从音韵、节奏、排列、单词词性及数量上几乎与原文对等。先是不断地寻找，因找不到而孤独，最后是情绪低落，悲观愁苦。译文（3）动静结合、简练畅达。在音、形、义几个方面近乎完美地再现了原文，使人感受到与原文同样的孤独徘徊的意象美。译文(3)可以说是保留了最多的翻译意义,分享了 SS 最多的相关特征,是最佳的翻译。译文(2)保留了比译文(1)更多的翻译意义,分享了 SS 更多的相关特征,因而是更好的翻译。

《红楼梦》第八十一回中,王夫人说道"'嫁鸡随鸡,嫁狗随狗'哪里个个都像你大姐姐做娘娘的呢?"

例 24
译文(1)
Marry a cock and follow the cock,
Marry a dog and follow the dog.
(杨宪益、戴乃迭译)
译文(2)
When rooster crows at break of day,
All his hen folk must obey,
No choice for a dog's wife,
But to make the best of a dog's life.
(霍克斯译)

译文(1)的翻译从字面来看是对原文的忠实,但缺少了文化上的内涵。译文(2)是用不同的语言表达了原文的隐含意义。形式上,译文(1)对仗整齐,译文(2)却没有对仗美,是一种解释性的表达。词义上,虽然"follow"在字面上与"随"字对应,但"随"字在汉语文化中许多不言而喻的意思在英语"follow"一词中却荡然无存,因而未能很好地体现中国古代女子在婚姻中的被动地位和夫为妻纲的束缚。原文在汉语读者中引起的反应在译文读者中无法体现,字面的对等不能视作效果的对等。而译文(2)带有解释性的翻译恰恰弥补了上述不足:"obey"和"make the best of a dog's life"虽然在原文中找不到字面上的对应,却从内涵上表达了中国古代妇女对丈夫的顺从。可在译文读者中引起与原文读者类似的感受。从翻译意义的保留上看,译文(2)比译文(1)更好。

对于这一类比较,可引用许渊冲先生的话来说明:"艺术是自然的美化,翻译是原作的美化。""'和'中有异,'同'中无异。'异'就是译者的创新。""好的译文,与原文'和'而不同,平庸的译文与原作'同'而不和。"(许渊冲,2005:15)在他眼里,"和"而不同的翻译是更好的翻译。

《红楼梦》第三回,宝黛初次相见时对黛玉的描写如下(王雪用例):

例 25

两弯似蹙非蹙罥烟眉,一双似喜非喜含情目。态生两靥之愁,娇袭一身之病。泪光点点,娇喘微微。闲静时如娇花照水,行动处似弱柳扶风。心较比干多一窍,病如西子胜三分。

译文(1)

①Her dusky arched eyebrows were knitted and yet not frowning, her speaking eyes held both merriment and sorrow; ②her very frailty had charm. ③Her eyes sparkled with tears, her breath was soft and faint. ④In repose she was like a lovely flower mirrored in the water; in motion, a pliant willow

第五章 从翻译不确定性看英汉互译的理论与实践

swaying in the wind. ⑤She looked more sensitive than Pikan[1], more delicate than His Shih[2].

1. A prince noted for his great intelligence at the end of the Shang Dynasty.

2. A famous beauty of the ancient kindom of Yueh.

(杨宪益、戴乃迭译)

译文(2)

Her mist-wreathed brows at first seemed to frown, yet were not frowning;

Her passionate eyes at first seemed to smile, yet were not merry.

Habit had given a melancholy cast to her tender face;

Nature had bestowed a sickly constitution on her delicate frame.

Often the eyes swam with glistening tears;

Often the breath came in gentle gasps.

In stillness she made one think of a graceful flower reflected in the water;

In motion she called to mind tender willow shoots caressed by the wind.

She had more chambers in her heart than the martyred Bi Gan;

And suffered a tithe more pain in it than the beautiful Xi shi.

(霍克斯译)

181

原文作者曹雪芹通过传神生动的描述将黛玉多愁善感的性格特征、弱不禁风的病态美以及婉约可人的个人气质淋漓尽致地表现出来。整个段落由五个汉语对仗句组成,节奏明快,朗朗上口。黛玉的美是从宝玉眼里看出去的,美得让人怜,美得让人疼,美得使人不能不为之心动。作者用了大量的模糊语及模糊限制语,如"罥烟眉"、"含情目"、"两靥之愁"、"一身之病"、"泪光点点"、"娇喘微微"、"娇花照水"、"弱柳扶风"、"似"、"非"、"如"等,表现朦胧的意境和美感。译文应把握和体现翻译意义中的朦胧美和节奏美。

对原文的五个对仗句,译文(1)在文体上没有完全对应,而是通过语义来表现;译文(2)则是通过英语的五个对仗句来对应。在对原文朦胧美的体现方面,两段译文对第一句话的翻译差别较大。译文(1)用两对反义词"knitted"与"not frowning"、"merriment"与"sorrow"来对应模糊;而译文(2)是通过"at first seemed to…, yet were not"的句型达到空间上由远及近的镜头拉伸效果,动态并传神地表达了模糊的意念。针对第二句对偶,译文(1)将语义融合为一个英语小句"her very frailty had charm",虽抓住了核心意义,简洁易懂,却失去了文学作品的特殊韵味。译文(2)用英语对仗句从细微处描写脸的柔美与身形的娇弱,较好地对应了原文。对第三句的翻译,前者较为平淡,后者是通过以"Often"开头的对仗句对应汉语的四字词。对于第四句的翻译,前者采用直译法,正确地传达了原意;后者是委婉地通过"she made one think"及"she called to mind"间接迂回地表达原文的模糊概念,使译文读者忍不住对黛玉之美产生遐想,具有诗意传神之美。最后一句,前者采用意译加注的方法,后者用的是直译。这对于不了解中国文化的英语读者来说,前者的处理方法更好,可以促进西方读者对中国文化的了解。

从总体来看,译文(1)语言通俗、直白、流畅,对原意的把握正确,特别是在最后一句的处理上,通过直译加注解,让西方读者更好地理解原文,了解中国文化。但从风格上来看,译文(2)的文体更雅,更具有诗意美和语言美。从对原文朦胧美的体现上看,译文(2)更胜一筹。因此,依照文学作品的翻译标准来看两段译文,译文(2)更多地保留了原文的翻译意义,分享了 SS 更多的相关特征,是更好的翻译。

翻译的不确定性为文学翻译提供了足够的创新空间,为译者及译语读者从不同角度更好地把握原著留下了余地。一次翻译过程可以说是对原文及原译的一次扬弃过程,即保留原/译语中最核心、最优秀及最合理的部分,并结合不同时代及不同译文读者有所针对地创新。

(三)汉英商务类翻译案例分析

汉英商务类翻译也选用商务信函、商务合同、商业广告及商标翻译的案例进行分析。首先分析一段商务信函:

> 例 26
> 贵公司迫切要求我方早日安排直达轮船以确保及时交货,我们对此已进行详细讨论。但令人遗憾的是,由于最近订不到宁波到利物浦之间的直达货船,因此,有必要在香港转运但我们仍会抓紧办理。

译文（1）

Your company urgently request that we should arrange direct sails at an early date so that we can ensure that we will be able to deliver the goods promptly and we have fully discussed about the matter. But we feel regretful that we cannot book direct sails from Ninbo to Liverpool as a result we have to ship the goods via HongKong.

译文（2）

Your urgent request for early shipment to ensure prompt delivery has been given every consideration. To our regret there is no shipping direct from Ningbo to Liverpool, so it is necessary to ship first to Hongkong and then to Liverpool. Nevertheless we will do all we can to expedite immediate shipment and do not anticipate late delivery.（杨晓斌译）

虽然译文（1）与译文（2）均译出了原文的基本意思，但后者以短语"urgent request"、"early shipment"及"prompt delivery"代替句子，更加简洁明了。并且译文（2）还委婉地表达了原文中"抓紧办理，争取按时交货"之意。后者更符合商务信函准确规范、礼貌得体的要求。因此，译文（2）保留了更多的翻译意义，与SS分享了更多的相关特征，是比译文（1）更好的翻译。

商务合同翻译用语正式，专业性强。为了使文本更准确、严谨，英语合同偏重使用含有信息单元较多的复合句。汉语合

第五章 从翻译不确定性看英汉互译的理论与实践

同则恰恰相反，句式强调越精练越好（马会娟，2004：208）。汉英商务合同的翻译除准确规范之外，还应注意句式的特点。

例 27

本合同于 2002 年 5 月 30 日在中国上海签订，一式两份，每份用英文和中文写成，两种文本具有同等效力。

译文（1）

This Contract was signed in Shanghai, China on May 30, 2002. Each copy was written in English and Chinese with two copies in each, and the two texts have the same effect.

译文（2）

This Contract is signed in Shanghai, China this 30th day of May, 2002, in duplicate in English and Chinese language, both texts being equally authentic.

（马会娟用例：2004）

两段译文均采用被动语态，正确地译出了合同原文的基本含义。但从用词规范上看，译文（1）用"effect"来翻译"效力"显得不够正式。从句式上看，译文（1）包括一个简单句和一个复合句；译文（2）通过介词短语和分词的独立结构将整个段落用一个复杂句译成。相比而言，译文（2）显得更规范、严谨，更符合英语契约文体的句式风格。因此，译文（2）保留了更多的翻译意义，与 SS 分享了更多的相关特征，是更好的翻译。

汉英广告类及商标类的翻译重点在保留语用功能上。对于汉语特殊的语言表达上的特点,如节奏、对称及象形意义等,只能通过变通的方式在英语中体现出来。

例28
即饮柠檬茶,喝一杯,令您怡神醒脑。
译文(1)
A glass of instant lemon tea makes you refresh.
译文(2)
For refreshment? A glass of instant lemon tea!
(李明清用例,2009:16)

汉语四字词"怡神醒脑"节奏上的效果无法用英文表达,只能通过句型的变换来获得。表面看起来译文(1)与原文意义和句型更对等,但从语言的感染力和商业功效来看,很难吸引读者。而译文(2)通过句式的转换,利用广告英语常用的疑问和省略句,增强了感染力,能够更好地吸引读者(李明清,2009:16)。因此,从语用对等来讲,译文(2)比译文(1)保留了更多的翻译意义,是更好的翻译。

例29
没有最好,只有更好。(澳柯玛家电)
译文(1)
There is only better instead of best.
译文(2)
Good Better Best Never Let It Rest

第五章 从翻译不确定性看英汉互译的理论与实践

原文的四字词富有节律，押韵。译文（1）单纯从语义上看与原文对等，但比较平淡，原文的节奏和韵律美也没有体现出来。译文（2）利用英文"best"和"rest"的尾韵来对应汉语的两个"好"。虽然没有字面上的一一对等，但深层含义相同，且再现了原文语音上的美感，具有鼓动性。由于译文（2）与SS分享了更多的相关特征，保留了更多的翻译意义，因此是比译文（1）更好的翻译。

例 30
"帆船"牌皮鞋
译文（1）
"Junk" Leather Shoes
译文（2）
"Yacht" Leather Shoes
（刘法公用例，2008：197）

在汉语中，"帆船"具有"一帆风顺"的联想意义，作为商标寓意吉祥如意。翻译意义毫无疑问应该包含这种暗含的商标寓意。但是译文（1）直接将"帆船"翻译为"junk"，没有考虑到此词在英语中虽然意思为"帆船"却没有汉语"顺利"的联想意义。恰恰相反，"junk"一词在英语中有"旧货""假货""垃圾""废物"之寓意，如"junk jewelry"（假珠宝）、"junk shop"（旧货店）、"junk food"（垃圾食品）。译文（1）容易使英美读者联想到"劣质皮鞋"。译文（2）的处理方法就"避免了这样的文化亏损或意象劣化"（刘法公，2008：198）。

Yacht（游艇）虽然与"Junk"并非直接对等，联想意义也不完全相同，但它是美国人休闲娱乐的常用工具，起码有放松与惬意之联想，结合皮鞋这一商品，也有促销之功效。因此，译文（2）比译文（1）保留了更多的翻译意义，与 SS 分享了更多的相关特征，是更好的翻译。

汉译英的商标翻译也有一些经典的例子，如可伶可俐祛斑霜翻译为 Clean and Clear，舒肤佳香皂译为 Safeguard，乔士男装译为 Choose（在英语中有上帝的选民之意），雅戈尔西服译为 Younger，等等，均达到"词美意好"的效果。

（四）汉英隐喻翻译案例分析

由于隐喻是"由宇宙意义向引申意义的转移"，"隐喻意义并非语词意义，它是语境创造的意义"（保罗·利科，2004：258），而语境意义又受特定的社会历史文化因素的影响。汉语思维与社会文化的特殊性造成了汉语隐喻表达的独特性，因此，在汉英隐喻翻译时需要根据不同的语境而仔细推敲。刘法公（2009：200）指出，"隐喻汉英翻译的原则为：第一，保持隐喻特征；第二，接通汉英隐喻的关联文化内涵；第三，根据语境弥补文化喻体缺失。"保持隐喻特征就是要以认知意义与汉语相对应的英语隐喻来翻译汉语隐喻，要做到这一点就必须接通汉英隐喻的关联文化内涵。由于汉语和英语两种文化意象的差异经常造成这两种语言间的交际障碍，在汉语中特有的文化喻体在翻译成英语时就需要根据语境来弥补文化喻体的缺失。汉英隐喻翻译案例分析如下：

例 31

雨后春笋

第五章　从翻译不确定性看英汉互译的理论与实践

译文（1）

Like bamboo shoots after spring shower and develop rapidly

译文（2）

like mushroom after rain

"雨后春笋"比喻事物发展快速，就像中国的竹笋在下雨之后迅速生长一样。由于英国无竹笋，英语读者就会对译文（1）感到费解，即使后面加了解释性翻译表达"develop rapidly"，也容易引起理解上的障碍。译文（2）将"bamboo shoots"替换为"mushroom"，字面意义虽不对等，但从深层的象征意义来看，"mushroom"对英语读者的影响等同于"雨后春笋"对汉语读者的影响。因此，译文（2）保留了 SS 更多的翻译意义，是更好的翻译。

例 32

爸爸是儿子的靠山

译文（1）

The father is the son's shelter.

译文（2）

The father is the son's harbor.

译文（3）

The father is the son's back.

译文（4）

The father is the son's pillar.

译文（5）

The father is the son's pillow.

（刘法公用例，2008：9）

在英文中，"避护处"、"码头"、"脊背"、"支柱"及"枕头"均可对应汉语"靠山"这一隐喻源域，唯独"mountain"不可接受。我们来看一下"mountain"一词除"山脉"之外的字典释意：（1）一大堆、大量：You big disgusting mountain of flesh!（你这个讨厌的大块头!）（2）（商品的）大量积压、过剩：The beef mountain now stands at more than 70000 tons.（积压的牛肉现已达7万余吨）（陆谷孙，2007）。由于"mountain"一词在英文中均多为贬义，而根据《现代汉语大词典》，"靠山"比喻"足以凭借和依靠的人或势力"。因此"汉语喻体'靠山'与英语喻体'mountain'之间没有寓意相似点"。而"只要与原文喻体有寓意相似点的译文喻体都可以作为隐喻喻体翻译的选项"（刘法公，2008：9）。因此，在"靠山"的翻译意义中并不包括"mountain"，译文（1）至（5）在同等程度上保留了SS的隐喻翻译意义，是同样好的翻译。以上五个译文的源域，虽然都可与"靠山"对应，但还是可以根据语境及翻译意义，选择不同的译文。"Shelter"指隐蔽处、有空间结构的地方，"harbor"表示避风港、躲避处。如果"靠山"的翻译意义指的是家一样的安全感，可以选用这两个词。"Pillar"指栋梁、台柱，"back"指人的身体部位或椅子的靠背。如果翻译意义表示支持和力量，可选用其中之一。但如果仅仅表示舒适感，则可用"pillow"。

第五章　从翻译不确定性看英汉互译的理论与实践

霍克斯英译《红楼梦》时对"冷笑"这一隐喻的处理如下：

例 33

第七回

黛玉就在宝玉手中看了一眼，便问道："还是单送我一个人的，还是别的姑娘们都有？"周瑞家的道："各位都有了，这两枝是姑娘的了。"黛玉<u>冷笑</u>道："我就知道别人不挑剩下的，也不给我。"

He stretched out his arm, took the box from Zhou Rui's wife, and looked. Two artificial flowers, exquisitely fashioned by Palace craftsmen out of silk gauze, lay inside it. Dai-yu glanced over his arm into the box.

'Am I the only one getting these, or have the others had some too?'

'All the young ladies are getting them,' said Zhou Rui's wife. 'These two are for you, Miss.'

'I thought as much,' said Dai-yu <u>sneeringly</u>. 'I get the leavings when everyone else has had their pick.'

第二十回

"……我指出个人来，你敢挑他，我就服你。"黛玉忙问："是谁？"湘云道："你敢挑宝姐姐的短处，就算你是个好的。"黛玉听了<u>冷笑</u>道："我道是谁，原来是他，我可那里敢挑他呢！"

…But I can show you thomeone you won't dare to find fault with. I shall certainly think you a wonder if you do.'

'Who's that?' said Dai-yu.

'If you can find any shortcomings in Cousin Bao-chai', said Xiang-yun, 'you must be very good indeed.'

'Oh *her*,' said Dai-yu coldly. 'I wondered whom you could mean. I should never dare to find fault with *her*.'

第二十九回 -1

"这件东西,好像是我看见谁家的孩子也带着这么一个。"宝钗笑道:"史大妹妹有一个,比这个小些。"贾母道:"原来是芸儿有这个。"宝玉道:"他这么往我们家来住着,我也没看见。"探春笑道:"宝姐姐有心,不管什么他都记得。"黛玉冷笑道:"他在别的上头心还有限,惟有这些人带的东西,他才是细心呢。"宝钗听说,回头装没听见。

'Now where have I seen something like this before?' she said. 'I feel certain I've seen some girl wearing an ornament like this.'

'Cousin Shi's got one,' said Bao-chai. 'It's the same as this one only a little smaller.'

'Funny!' said Bao-yu. 'All the times she's been to our house, *I* don't remember ever having seen it.'

'Cousin Ban is observant,' said Tan-chun. 'No matter what it is, she remembers everything.'

'Well, perhaps not quite *everything*,' said Dai-yu wryly. 'But she's certainly very observant where things like *this* are concerned.'

第五章　从翻译不确定性看英汉互译的理论与实践

Bao-chai turned her head away and pretended not to have heard.

第二十九回 - 2

宝玉因昨日张道士提亲之事，心中大不受用，今听见黛玉如此说，心里因想道："别人不知道我的心，还可恕；怎连他也奚落起我来。"因此心中更比往日的烦恼加了百倍。只是别人跟前，断不能动这肝火，只是黛玉说下这话，比往日别人说这话不同，由不得立刻沉下脸来，说道："我白认得了你！罢了！"黛玉听说，便冷笑了两声，道："我也知道，白认得了我，那里像人家有什么配的上呢！"

Abbot Zhang's recent attempt at match-making had profoundly distressed Bao-yu and he was shocked by her seeming indifference.

'I can forgive the others for not understanding what has upset me,' he thought; 'but that *she* should want to trifle with me at a time like this...!

The sense that she had failed him made the annoyance he now felt with her a hundred times greater than it had been on any previous occasion. Never could any other person have stirred him to such depths of atrabilious rage. Coming from other lips, her words would scarcely have touched him. Coming from hers, they put him in a passion. His face darkened.

'It's all along been a mistake, then,' he said. 'You're not what I took you for.'

Dai-yu gave <u>an unnatural little laugh</u>.

'Not what you took me for? That's hardly surprising, is it? I haven't got that *little something* which would have made me worthy of you.'

第三十一回

众人听了，都笑道："果然明白。"宝玉笑道："还是这么会说话，不让人。"黛玉听了，冷笑道："他不会说话，怎会戴'金麒麟'了"，一面说着，便起身走了。

The others laughed.

'Clever! Clever!' they said.

'You're always so eloquent,' said Bao-yu. 'No one else gets a chance.'

'If she weren't so eloquent, she wouldn't be worthy of the gold kylin,' said Dai-yu huffily, rising from her seat and walking off as she spoke.

此例的五个"冷笑"在不同的语境中翻译各异。在第一段引文（第七回）中，黛玉因为嫉妒宝钗人缘好，并对宝钗的家人通过送礼物的方式笼络人心感到不痛快，因此，就借最后才得到薛姨妈的礼物这件小事发泄不满。这时候黛玉冷笑的翻译意义包括"轻蔑、挖苦及鄙夷之意"。"sneeringly"一词的字典释义为"冷笑、讥笑、嘲笑、轻蔑及鄙夷地做某事"，较好地表现了黛玉孤芳自赏的个人性格特征。因此，在这一语境中，将"冷笑"翻译为"sneeringly"较好地保留了原文的翻译意义。第二段（第二十回）还是因为黛玉嫉妒宝钗，引发醋意，以冷笑表示嘲讽及揶揄。"coldly"有无情、冷漠、缺乏热情之意。

第五章　从翻译不确定性看英汉互译的理论与实践

表面上看虽未将"笑"之意表达出来，但实质上此语境的核心意思为"冷"。因此，以"coldly"译"冷笑"在这一语境中较好地保留了翻译意义。第三段（第二十九回-1）又一黛玉嫉妒的场景，对象还是宝钗。此处的冷笑实则挖苦，这一点从她下文的话语中可以看出"他在别的上头心还有限，惟有这些人带的东西，他才是细心呢"。因"wryly"有"讽刺地、挖苦地、辛辣地"之意，用在这里十分确切。第四段（第二十九回-2）表达黛玉对宝玉的不满，既有对宝玉提亲之事的不满，也有宝玉对黛玉发泄的不满。"'两声'是模糊的数量，强调先冷笑后说话，亦即先表情再述内容"。"冷笑"之中隐含了黛玉"欲说还休、欲罢不能，刻意掩藏内心秘密的情状"（肖家燕，2009：127）。译文用"an unnatural little laugh"（不自然的笑）充分表达了"冷笑"在此情境下的翻译意义。第五段（第三十一回）是黛玉接宝玉的话，对宝玉夸奖史湘云伶牙俐齿会说话以及史湘云戴"金麒麟"表示醋意，此处的"冷笑"具有"不屑"与"傲慢"的翻译意义。"huffily"是"生气"与"发怒"的非正式表达法。黛玉确实生气，但并非通常意义上的生气，她通过一句反问"他不会说话，怎会戴'金麒麟'了"以及"一面说着，便起身走了"这一行动来表达自己心中的不快。翻译为"huffily"远远没有表达出黛玉的"酸"味，也失去了"冷笑"这一隐喻的文学表达功能。如换成"scornfully"或其他表示上述翻译意义的词汇将会更接近原文的意义。

综上所述，霍克斯在第一至第四段的不同语境中将"冷笑"分别译为"sneeringly"、"coldly"、"wryly"及"an unnatural little laugh"，在同等程度上保留了 SS 的翻译意义，与 SS 分享了相同数量的相关特征,是同样好的翻译。但第五段处理为"huffily"却丢失了原文重要的翻译意义。

再举一例汉语古诗隐喻英译:

例34

(1)"……战罢沙场月色寒。"The cold moon lightens the field after a battle.

(2)"……偏奏苦寒声。"Even the instruments made sounds bitter and chilling.

(3)"……香寒解夜醉。"Sent cool incense that eased my drunkenness.

(4)"……幽州白日寒。"…where the sun looks pale and cold.

(王宇宏用例,2011:132-133)

本例四句中国古诗中的"寒"分别根据语境译为"cold"、"cool"、"pale and cold"和"chilling"。第一句与第二句采用保留形象与意义的方法,将"寒"直译为"cold"和"chilling";第三句用的是重塑形象的方法,因为这里的语境带有舒畅与开心的意味,寒香缓解了夜醉,而前面两个词均带有消极的意义,不能表达此处的意境。因此采用了重塑形象的翻译方法;第四句用了重新组合的方式,增加了"pale"一词,更确切地表达了原作的诗意。四句古诗中的"寒"均根据不同语境及翻译意义,找到了最合适的英译文。

汉英习语隐喻翻译中以下例子可以体现出两种语言在空间

第五章　从翻译不确定性看英汉互译的理论与实践

广延、形状以及硬度等第一性质方面的共同性："占上风"译为"gain (get) the upper hand"；"垂头丧气"译成"be in low spirit (be down)"；而"拜倒在某人脚下"的英文对译是"worship the ground sb treads on"（崇拜某人脚踏的地面）。"公正的"英译为"fair and square"，汉语的"正"指正方形，隐喻"正当""公正"；英语的"square"指方形物，隐喻"堂堂正正"。两种语言第二性质的差异造成了以下汉译英的不对等："黄色电影"(obscene movies)、"他遭到了白眼"(He got the cold shoulder.)、"她说话酸溜溜的"(She is sharp-tongued)、"醋意"(jealousy)。

"一块肥肉"在汉语中隐喻大家都想得到的东西或利益，如果译为英语的"a piece of fat"的话就成了贬义的"多余之物"或"多余部分"(unnecessary or uncalled-for thing)，因此应根据具体场合译为"fat job""fat fee""fat post"等（赵明，2003：73）。"藕断丝连"译为"One's love, like a lotus root, linked by fibres though divided. (Two lovers may be forced to part, but their love remains.)"由于英汉两个民族对爱情的认知原型投射在不同的植物上，在汉语中用红豆、芳草、芙蓉等植物，而英语中则多用玫瑰及郁金香。在这一汉语隐喻中，藕的特性比较独特，无法对应英语中表达爱情的植物，所以只能用意译的方法。"花前月下"翻译成英语为"before the flowers and under the moon— ideal setting for a couple in love"。因为"中国人认为爱情属于阴柔之美，其根源是老庄的'阴论哲学'。多用'爱情是月，爱情是水'这样的隐喻概念"（岳好平，2010：309），而西方则以"太阳"与"火"来隐喻爱情，如果直译而不加注释就达不到原文的效果，也就是说，会丢失部分翻译意义。其他类似的例子还有："魂飞魄散"英译为"to be frightened out of one's wits"."下海"译为"Risk one's fortune in doing business".

汉英习语的翻译同样体现出隐喻翻译的多种不确定性：对等直译法、借用法、意译法及直译加意译法。

对等直译法可以最大限度地保留汉语的形象和色彩，例如："到什么山唱什么歌"（Sing different songs on different mountains）、"做一天和尚撞一天钟"（So long as I remain a bone, I go on tolling the bell）、"浑水摸鱼"（to fish in the troubled water）、"以眼还眼，以牙还牙"（an eye for an eye, a tooth for a tooth）、"人为财死，鸟为食亡"（Men die for wealth; birds die for food）、"易如反掌"（as easy as turning over one's palm）、"削足适履"（to cut the feet to fit the shoes）、"鼠目寸光"（as short-sighted as mice）。

借用法："欲速则不达"（More haste, less speed）、"隔墙有耳"（Walls have ears）、"滴水穿石"（Constant dripping wears the stone）、"风烛残年"（have one foot in the grave）、"心有余而力不足"（The spirit is willing but the flesh is weak）、"少年老成"（to have an old head on young shoulders）、"以其人之道还治其人之身"（to pay back in his own coin）、"好高骛远"（to aim at the moon）、"醉翁之意不在酒"（Many kiss the baby for the nurse's sake）、"捡了芝麻，丢了西瓜"（Penny wise, pound foolish）。

意译法："生灵涂炭"（plunge the people into misery and suffering）、"不管三七二十一"（regardless of the consequences）、

"小巫见大巫"(to be nothing compared with)、"擀面杖吹火———一窍不通"(to know practically nothing about)、"狗嘴里吐不出象牙"(A filthy mouth cannot utter decent language,由于狗的文化意象完全不一样,所以不能直译)。

直译加意译法或直译加注法:"不到黄河心不死"(Until all is over ambition never dies)、"视死如归"(look on death without flinching)、"她单身一人,无亲无故"(She is all by herself and far from home without a single relative or friend to help her)。"杀鸡给猴看"(to kill the chicken to frighten the monkey —to punish someone as a warning to the others)、"留得青山在,不怕没柴烧"(There'll never be a shortage of firewood as long as green hills remain—While there is life, there is hope)、"三个臭皮匠赛过诸葛亮"(Three cobblers with their wits combined surpass Zhuge Liang the mastermind—Two heads are better than one)。

(五)汉英口译案例分析

上一小节已提到,不同种类的口译要求不同。"就口译的现实而言,译员所力求做到的是语用对等而非语言对等"(任蕊,2014:7)。日常寒暄类更是主要以语用交流为目的,因此翻译时可以不局限于话语的语义内容。

由于口音问题,某中国官员在国际交流中让翻译为难,结果此翻译根据当时的情景巧妙地应对,获得了在场中外听众的认同。这时的翻译意义即为强烈的语境依赖意义。我们在接待外宾时,如果将中方接待人员的"一路辛苦了!"或"旅途劳累了吧?"直接翻译为"You must have had a hard journey"或"Are you tired after the long journey?"外宾还以为他脸色不好看，看上去很疲劳。这时应该按照西方的习惯，将这样的问候翻译为"Did you enjoy your journey?"或"How is your journey?"同样，宴请结束后的寒暄"吃饱了吧？"也不能翻译为"Are you full"，而是"Did you enjoy the food?"或"How do you like the food?"这里的翻译标准是以话语在具体语境中的功能来定的，而不是话语的字面含义。另外，译员要对说话者的明显语用失误进行纠正。如果中方人员询问英美人的年龄、收入及宗教信仰等，译员可善意提醒并提出合理建议。

对于较为正式的口译场合，如新闻发布会及学术研讨会等，口译的准确性要求更高。下面是一则新闻口译案例：

例 35

宜兴特产的100多件陶瓷紫砂工艺品通过了北京2008奥组委的审批，正式成为2008奥运会的特许产品。昨天，全国各地的奥运特许礼品商纷纷云集陶都，争抢经销权。

译文（1）

After the one-hundred pieces of purple sand handicrafts produced in Yixing being granted the status of franchised products of the 2008 Olympics games, a large number of franchisees flocked Wednesday from all over the country to the Pottery Metropolis, acquiring for a franchise.

译文（2）

Franchised dealers of the Beijing 2008 Olympic Merchandise scrambled to compete for the agency ship of the purple sand ceramic crafts on Wednesday. The Beijing Organizing Committee for the Olympic Games or BOCOG recently awarded the Olympic Merchandise title to some one hundred pieces of ceramic wares produced in Yixing, a city known as capital of ceramics.

（王银权用例，2009：43-44）

汉语原文的重点是在后一句结果上，这是汉语思维模式先原因后结果的特点。中国人在这样的汉语新闻语境中能很快地抓住要点，领会主要含义。但是如果翻译成英语的话，就应该按照西方人的思维模式进行话语的组织。译文（1）是对照汉语的结构，将英语译文按先因后果的顺序组织的，没有突出新闻的重点，因而不能抓住英语听众的注意力。在语词的使用方面，译文（1）将原句中的"云集"直译为"flocked"，而译文（2）则翻译为"scrambled"（争夺、抢夺），虽与原词的意义不对等，但在当下语境中，"scrambled"给人急迫的感觉，能起到英语新闻吸引听众注意力的效果。同样，译文（2）将"compete for"译作"争抢"比译文（1）的"acquiring for"效果更好。另外，译文（2）省略了原句中"全国各地"之意，但整个语境中已隐含此意，因此不会造成关键信息的丢失，反而显得更简练。综合句子结构及语词意义等方面的考虑，在这段新闻口译文中，句型结构及语词对应的译文（1）保存的翻译意义反而比没有一一对应的译文（2）少，再一次证明了考虑宏观语境进行翻译的重要性。

第二节　翻译的客观性与不确定性

翻译既有客观性也有不确定性。客观性的存在毋庸置疑，如果只有不确定性而无客观性，翻译将无从谈起，因为我们连最基本的意义都无法把握，无法确定，最终将导致不可译性。翻译的客观性与不确定性是协调统一的，不可过分强调其中之一。

一　客观性在翻译中的重要地位

翻译中的客观性是指翻译以原作为蓝本和约束，译者只能在原作允许的范围内在译文中全面地、真实地按照译语的习惯表述方式和手段，完整地再现原文文本的信息，客观反映原语文本的主客体之间、客体和客体之间以及他们对应时空的关系。客观性是相对主观性而言的，是翻译存在的基础，如果没有客观性，将无从谈起，因为我们连最基本的意义都无法把握和确定，最终将导致不可译性。从宽泛的角度来看，翻译的全过程包括原语创作、双语转换以及翻译目的和评价，而这三个过程均充满着主观与客观的矛盾统一（黄振定，2000：50）。

原语创作的主客观统一表现为创作风格、视角、态度及情感等的个体性与内容到形式的共同性之间的协调统一。但作者的个人风格一旦与原文结合，作品客观地体现原作者的创作意图及主体风格，即作者的个体性融入了文本，这就是一种客观存在。也就是说，作品一旦创作结束并成为翻译的原文本，就是客观的,就是译者必须要遵循的。从这一点上看,客观性是根本的。双语转换的主客观统一是指"原作是约束译者的客观方面,译者是作用于它的主观力量"(黄振定,2000:52)。在译者与作者、读者,译文与原文几方面的人际和文际关系中,"译者虽有绝对服从原文的愿望,但客观上由于不可能百分之百地把握客观(原意),同时还有二心(心系译文读者)的牵扯,主客观不可能达到绝对的同一性"(王东风,2004:8)。译者的主观特征也表现为多样性。王寅(2008:211-217)从辖域和背景、视角、突显以及详略度四个方面来谈翻译中双语转换的主观性。梅德明(2012:78-79)认为"视角决定视野"。"言者和译者共同参与了意义的创造,共同参与了意义的'在场'解译"。但无论译者表达方式有怎样的不同,视角有怎样的差异,都是在原作的主题内,都是在翻译意义的框架内进行的主观性发挥。或者可以这样说,译者的主观创造性在于他发掘了隐藏在原文本内的,原作者及原文读者没有意识到的,却客观存在的东西。从这一点看,客观性具有决定性的意义。翻译目的和评价也是主客观统一的。"客观方面,或是译文自身的质量,或译文对照原文的忠实性程度等,还必须考虑译者的翻译目的;主观方面,涉及评价者的水平、观点,也免不了他自己的评价目的"(黄振定,2000:52)。但无论如何,有了原文这一客观标准,有了译文本身的质量,再通过原文与译文的客观对照,劣拙的译文从任何角度来看都是差的,绝对不可能是优秀的。好的译文存在着程度差异。但差的总归是差的,任何评价标准都不可能将粗制滥造的译文评定为好的译文,这就是翻译评价的绝对客观性。

总之,翻译的主观性是有限的,是在翻译意义范围内的客观性存在。

二 翻译的客观性与不确定性的关系

通过翻译不确定性论题,我们将重新认识翻译的客观性。语言不再是一个自成体系的封闭系统和人类认识世界的工具,翻译也不再是语言与语言之间封闭式的相互转换。翻译的确定性和规定性都是相对而言的。

一方面,我们强调翻译过程中的客观性,即尊重原文。因为译文反映的必须是原文的社会生活和感情生活,不能把原作所反映的生活变成译语民族的生活,不能把作者的情感变成译者的情感。因此,"原则上,翻译只能将原作话语信息'脱胎',可不能'换骨'"(黄忠廉,2000a:157)。也就是说,译者只能按照原有的基本骨架进行语言的重塑。

另一方面,我们又对"准确性"持谨慎的态度。英国科学家和哲学家培根早在13世纪就坚决主张:"尽管有人强调存在普遍语法基础,但由于不同语言之间的'语义域之错配'(the mismatch between semantic fields),准确的翻译是不可能的"(Kelly, 1979: 9)。洪堡特(Wilhelm von Humbolt)认为,"语言的差异具有世界史的意义。不同类型的[语言]特性汇同起来,赋予思维新的形式,并为随后的一代又一代人所继承"(威廉·冯·洪堡特,2011:79)。语言的独特性或语言之间的差异使准确的翻译难以实现,因此,翻译过程中便呈现出多种不确定性。现代翻译理论家奈达说,绝对准确的语言交际是不可能的,即使是在同一语言中也是如此(Nida and Taber, 1982: 5 -

第五章 从翻译不确定性看英汉互译的理论与实践

6)。蒯因以行为主义意义观为基础的彻底翻译思想实验也说明,即使是以刺激反应为证据的原始语言的翻译也具有不确定性。并且根据翻译不确定性论题,在评价译本时,有好坏优劣之分,没有一个公认的绝对的标准。

这样看来,翻译既是客观的,又是不确定的。客观性与不确定性之间的关系如下。

忠实与放纵的关系。刘易斯翻译德里达的东西时提出一个概念"abusive fidelity",即放纵式忠实(王宾,2006:146),翻译的客观性与不确定性就是这种忠实与放纵的关系。"需要阐明的是每一个具体场合下译者所应追求的忠实程度,追求不同作品的翻译中所能允许的差异"(Steiner,2001:264)。要求忠实的程度越高,允许放纵的范围就会越小,反之亦然。忠实的要求对译者来说是绝对的,对于放纵来说,译者可在允许的范围内有所取舍,放纵或不确定性的程度有不同。尽管"翻译说到底是一项人的活动,翻译过程中的一切决定最终都是由译者这个人来做出的"。"然而,译者在进行抉择的整个过程中,始终都会受到各种因素,包括种种社会文化因素的影响和制约,译者的最终抉择无疑也只是一种相对的,而非绝对的不受干预的权利"(谭载喜,2004:248)。译者的放纵并非随心所欲的,除了译者自身所受社会环境因素的制约外,必须考虑对原文的忠实,不能超越原文的意义。在忠实原文的基础上,译者以自己的理解挖掘出新意;新意虽具有自己的生命力,但其源头还是作者和原文,是原文使译者说出了新意,在特定语境中保留了翻译意义。翻译的客观性与不确定性之间就是这种忠实与放纵的关系。

不变与万变的关系。根据彭卓吾（2000：101）提出的翻译"万变"与"不变"原则，"就原文的思想内容对译文的表达方式来说，是'以不变应万变'；就译文的表达方式对原文的思想内容来说，是'万变不离其宗'"。这里的"不变"是指客观性，而"万变"指的是不确定性，二者是辩证统一的。客观性是不变的，无论表达方式、译者视角、突显与态度有怎样的变化与不同，原文始终是实实在在地客观存在着的。不确定性是万变的。翻译的时代、社会文化不同，译者的个体风格及态度等均为不确定性的因素，作为意义基本单位的语词在言语交际中会增值、转换或变异。原词通过译者的理解和转换势必会发生改变，特别是语词的联想意义（内涵意义、社会意义、情感意义、反映意义、搭配意义）。另外，句子的生成方式更是千变万化，目的语的语言能力，对原作的理解程度以及翻译时的情感、态度等因素都会影响译语句子的创作。但这种万变始终不能偏离原作的轨道，始终是处于翻译意义的框架之中的。

整体与局部的关系。两种语言从局部来看具有不对等性，这种不对等性包括：词汇、句法、语用及文化等方面。于是译者便通过重构句法，解释文化差异，增加与文本相关的史料等方式使翻译整体来看是"信"的。翻译的单位是受历史文化因素影响的语篇，而不是单个的字、词和孤立的句子。这样，从字词句的对应来看，可能是不确定的，但在一个语篇中来看，却是趋于客观的。这也验证了蒯因的翻译不确定性论题与他的整体论思想。因此，可以这样说，客观性是宏观的、整体的，而不确定性是微观的、局部的。译者在总体和全局紧扣原文主题（体现客观性）的基础上将模块分零；并运用关联与推理模式，通过与作者的互动，从而对微观和局部结构做出准确判断；再经过大脑思维模式的转换，投射到目的语；经历重构，最后用目的语的各种可能形式表达出来（体现不确定性）。翻译的客观性与不确定性就是这样通过整体地、客观地把握翻译意义来调整局部的不确定性以达到协调统一的。

翻译的客观性与不确定性之间的关系是以翻译意义为依据的忠实与放纵、不变与万变、整体与局部的关系。正是二者的辩证统一关系，才使翻译呈现出多样性与复杂性。兰德斯曾说过：希腊人只有一个荷马，我们则有很多（Landers, 2008）。这说明翻译不确定性使经典名著具有了常青的生命力，使不同时代、不同层次的读者群都能够领略和体会人类精神文明的结晶。无论时代怎样变迁，无论读者处于何种社会层次，总有一款适合自己的译本。

三 翻译评价新视角

从中西翻译史来看，无论是圣经、佛经的翻译，还是科技与文学作品的引介，传统的翻译观都十分强调翻译的客观性。18 世纪法国翻译家勒图尔诺（Pierre le Tourneur）强调忠实原作，要完整地保留原作的精神实质，不赞成删改原文以迎合法国人崇尚典雅的口味。英国翻译理论家泰特勒（Tytler）的翻译三原则强调从不同角度对原文的忠实。19 世纪英国的文学家和翻译家波斯盖特（J. P. Postgate）也提出了"忠实是衡量翻译成败的最高标准"。奈达的动态对等说中三个关键点"自然"、"切近"、"对等"也将"对等"视为核心，要求译者在不同的文本语言结构里尽可能完美地再现源语文本的旨意。因为内容始终是先于形式的，只顾形式而忽视内容，则体现不了客观性。另外一些西方翻译思想，如"逐词对译""为了忠实于原文，宁愿牺牲译文的易懂性""忠实原文应是翻译的最高宗旨""翻译要不增、不减、不改""原作者是主人，译者是仆人""同等效果""同等反应"等观点都是在强调对原文的忠实（谭载喜，2004）。中国翻译家严复（1984：6）的"信达雅"是以"信"为核心的。还有的如"准确、通顺、易懂"、"等值翻译"等观点无不以客观性和忠实为前提。鲁迅（1984：225）提出的"宁信而不顺"更是体现了强烈的忠实于原文的翻译观。

以德里达及本雅明为代表的解构主义翻译观颠覆了传统翻译理论追求的"尽可能准确地传达原文的意义和形式"的准则，"解构寻求忠实、对等的传统观，解构自封的对意义的把握、提炼和传递"（王颖冲，2011：18）。德里达（2001：23）在谈到解构的定义时说，"哪里有'一种语言以上'的体验，哪里就存在着解构"。作为两种语言间的翻译，解构哲学在这一领域的影响巨大。"对于所指与能指等传统语言观认为固定不变的关系，翻译可能或至少看起来可能经历反叛"（Drrida，1981：21）。德里达认为译文的不同表达形式才是最重要的，因为是"翻译文本书写我们，而不是我们书写翻译本"（Gentzler，1993：145）。本雅明在《翻译者的任务》一文中写道：

> 如果翻译在本质上竭力求得与原作酷似，那么任何翻译均是不可能的。因为在原作的"来世"中——如果它不是一种质变和一种活生生的东西的再生的话，就不能称之为"来世"——原作已经经历了变化，甚至具有固定含意

第五章　从翻译不确定性看英汉互译的理论与实践

的词语也会经历一个成熟的过程。（瓦尔特·本雅明，1999：75）

在本雅明眼里，原作与译作并非传统意义上的"主仆关系"，译作是原作来世的新生命。它挣脱原作的羁绊，在新的语境中获得新的生命。从这种意义上说，译作与原作之间是一种"平等的关联和互动关系"（王宁，2009：130）。而译者与作者同是创造者，译者将原文中作者没有意识到或没有展现出来的意义通过译作表达出来，因为"翻译家的任务在于在译作语言中创造出原作"（瓦尔特·本雅明，1999：78）。

解构主义翻译观与传统翻译观背道而驰，认为原文的生命不是取决于原文本身的特性，而是取决于译文。没有译文，原文就无法存在。文本本身的定义是由译文而不是原文决定的，译者是创造的主体，译文语言是新生的语言。解构主义者如此捍卫自己的观点，"如果没有本源、没有超验的意义——也因此没有稳定的源语文本，人们就不可能依旧视翻译为意义的传递或是对源文的被动的再现，而需考虑译者在翻译中做出的决定和承担的责任"（Davis，2004）。总之，译文决定原文，译者具有高度的自主性。解构主义过度强调译者的主体性，他们宣称作者和原文的死亡，认为文本从诞生之日起，阅读和诠释的权力就交给了读者。诚然，"译文确实有着创造性的一面，但这种创造性是以原文为基础的，抹杀译文与原文的区别，实际上也抹杀了翻译本身"（郭建中，2000：186-187）。

由于解构主义对翻译"再创造性"的极度张扬，它"推翻'信'的原则，将'六经注我'的不可避免性推向极端，以'再创造'来消解不可重复/必须重复的悖论","这实际上是以'再创造'的名义来替代实乃消解其他翻译理论的可能性"(王宾,2006:21)。因而从一个极端走向了另一个极端。

传统翻译观过分强调客观性,而解构主义又走到了另一个极端,过分强调译者的主体特性,忽视原文及作者的存在。蒯因认为,翻译具有在客观性基础上的不确定性,以确保在不同的语境中进行顺利的交流。他说,"评判交际的成功要看交谈是否顺利,是否常常可以预见言语和非言语的反应,以及土著人的表示是否一致和合理。这是翻译手册好些或差些的问题,而不是断然对或错的问题"(Quine,1992:43)。然而这种好与差仍然是建立在与原文的比较之上,是以原文为基础的。关于这一点,蒯因(1977:167,转引自陈波,1998:128)在"Facts of the Matter"一文中也谈到过,他说:"两个翻译家可以编纂相互独立的翻译手册,这两部手册都与所有的言语行为和所有言语行为倾向相容,但其中一部手册会提供另一位翻译家将拒绝的翻译。我的立场是:两部手册都是有用的,但至于哪一部是正确的,哪一部是错误的,不存在任何事实问题"。学者陈波还专门就这一问题明确提醒翻译界的同志不要误解这一论断,他说:

> 这里要强调指出,我们千万不能将蒯因的论题误解为可以用它为任何质量低劣的翻译作品开脱,说它们没有优劣、对错之分!事实绝非如此。蒯因论题的意思是:言语行为证据本身不能唯一决定翻译手册,手册编纂尚有语言

第五章　从翻译不确定性看英汉互译的理论与实践

学家主体因素的介入，于是根据不同翻译手册进行的翻译就带有某种不确定性。(陈波，1998：147)

这种基于客观事实的不确定性，不是对错问题，而是好坏问题。

翻译活动是语言交流的一种，翻译过程既有说话者，也有听者。根据不同框架，赋予译者的位置也不一样，译者既是说话者也是听者。针对原文来说，译者是听者，文本就是说话者；针对译文读者来说，译者又是说话者。从维特根斯坦意义使用论来看，译者无论是作为说话者还是听者，均是语言的使用者，是在玩不同的游戏——翻译。而语言游戏的合理性包括两个最重要的方面：相应的规则、公共的社会习俗的认定。公共的社会习俗既有强制的一面，同时也有自由的一面。强制性的一面就包括了客观性，即上文论述的忠实、不变与整体性。但由于从一种语言框架到另一种语言框架的投射不可能一一对应，译者又具有一定的自由性，即翻译具有不确定性或放纵、万变与局限性。这种不确定性是有限度的，也就是说，译者对相应的语境或背景知识的判断不能超出某一个度。蒯因说两部翻译手册谁对谁错并不存在事实问题，但都在翻译意义的范畴之内，我们用翻译意义来界定翻译不确定性的度。

翻译的这种客观性基础上的不确定性并不排除译者的主体升华，即译文胜过原文，比原文更精彩的情况。许钧(1996：63)曾经说过：治史，靠学识；治译，也要靠学识。没有创造力的译文，总是没有生命力。生命就是创造。创造，才是生命。但严格说来，这种升华也是客观的，因为语言的意义从根本上讲并非语言表达式本身所具有的。首先，它离不开与世界的关系；其次，语言表达式所表达的意义一定是历史留传下来的习惯性用法意义或者是某个人曾经使用过的使用意义；再次，作者用特定表达式去表达思想内容，但一定无法穷尽语言表达式本身的所有关系，只能用他自己所理解的一种或几种；最后，表达式被放在不同的语境当中，就潜藏着其他的翻译意义，但作者在写作过程中并未意识到，因此就为读者和译者留下了创造的空间。因此，这样的不确定性仍然是通过翻译意义来体现客观性的。而这种创造性尤其是在文学作品及商务广告翻译中表现突出，不确定性或创造性的空间比其他类型的文本更大。

可以这样说，翻译是在原作与译作之间求似的过程；是以翻译意义为依据，是客观性与不确定性之间的协调统一；是在客观性基础上的不确定性趋于确定的动态过程。

第三节　信达雅翻译标准新解

严复于1896年在《天演论·译例言》中提到，"译事三难：信、达、雅"。之后多年来，中国译界以"信达雅"作为翻译活动中需遵循的三大准则。

严复讲"信"时说"《易》曰：修辞立诚"。就是指文章的美化、装饰及加工必须真心实意，不说假话。严复的"信"可以理解为客观性，即译文与原文相符、与作者的意图相吻合。严复谈"达"时说"子曰：'辞达而已'"。就是要写下来的东西让人看懂并且愉悦。他又说"译文取明深义，故词句之间，时有所颠倒附益，不斤斤于字比句次，而意义则不信于本文"。

第五章　从翻译不确定性看英汉互译的理论与实践

"译者将全文神理融会于心，则下笔抒词，自然互备。至原文词理本深，难于共喻，则当前后引衬，以显其义。凡此经营，皆以为达；为达即所以为信也"（严复，1984：6）。其主要观点是，原文的语法结构和秩序并不重要，翻译时不应拘于字面和句法形式，如有必要可增加及删减以求神似。在局部字词不能一一对应翻译的情况下，可以在整篇文章中的其他地方予以体现和衬托。"达"就是圆润自如，扫除译腔，将原文的意义碎片重构成通顺畅达的译文，使译文读者易于理解，其最终目的还是为了"信"。但严复眼中的"达"其实是牺牲了原文形式上的"信"。严复（1984：6）用孔子的一句话"言之不文，行之不远"来定义"雅"，认为文章如果没有文采，就不能流传很远，就算不上是好文章。因此，我们对文字要持一种敬仰之心。

针对这一三字标准，学者们有不同的理解和看法。朱光潜（1984：354）认为，"信"的标准最难，"达"与"雅"均需服从于"信"，因为二者的不达标准与过犹不及都不是"信"。季羡林先生（2007：4）对这一标准的解读如下："'信'是忠于原作，'达'是忠于读者，'雅'是对于文学语言的忠诚。信、达、雅虽然只有三个字，但体现了作品、读者、语言三者之间的关系"。总体来说"信"是对原文的忠实，特别是原文的内涵；"达"指表述上的畅达；而"雅"则表示文字上的优雅。他又说，这个"道理十分简洁明确，然而又切中肯綮，真可谓'要言不烦'了。这三个字，缺一不可；多一个也似乎没有必要。能做到这三个字，也可以说是尽翻译之能事了"（季羡林，2007：21）。黄忠廉（2013：84；2016：34）则认为，严复的"信达雅均为争取读者的招数"。"信"并非取信于原著，更是取信于读者；而"达"在三字标准中占据了中心地位，"为达即为信"；"为雅即为达，同样是为取悦于读者，辞达而已"。

严复提出的"信达雅"成为一百年来译界圭臬（廖七一，2016：87）。即使在受到各种现代和西方翻译理论影响的今天，"信达雅"的翻译标准在英汉互译中仍然占据着十分重要的地位。因为信达雅这个"三字标准根植于原文所包含的'思想、语言和风格'这三个要素中"（彭卓吾，2000：104）。基本要素还是这三个字，但新的时代却赋予了它们新的内涵。刘宓庆（1990：64）在《现代翻译理论》一书中说：

> 八十多年来，我国译坛虽然大体仍以"信达雅"为译事楷模，但随着历史的发展，"三难"之说的内涵迭变，对译作的品评标准也因各个历史阶段价值观之不同而演进变化。因此，我们既不能将翻译理论看成流变不定、莫衷一是的权宜之议，也不能将翻译原则、翻译标准及方法论等等看成一成不变、恒定守常的条条框框。

现在离"信达雅"的提出已一百多年了，在新的社会历史环境下，如何来正确理解这一标准，蒯因的"翻译不确定性"论题将带给我们一个崭新的视角。

本节将从"信"的标准谈到"信达雅"三者的平衡，并根据上节所述新的翻译观念，尝试以"语境原则"及"翻译意义"作为协调信、达、雅的分析框架，力求重构一组可用于评价英汉互译对/错与优/劣的合理性标准。

第五章　从翻译不确定性看英汉互译的理论与实践

一　信的标准

关于"信"的标准，季羡林先生（2007：21-22）认为：

> 信、达、雅三个字中，"信"字为基础，为根本。这个字做不到，就根本谈不到翻译。我在探讨翻译问题，评论翻译作品时，首先就是看它信不信，也就是，看它是否忠实于原文。如果这一点做不到，那就不叫翻译，什么"达"，什么"雅"，就如无根之木，无本之草，无所附丽。

"信"即忠实，指译文要忠于原文。在翻译实践中，无论采用归化，还是异化，甚至化境等策略，仍须以"信"为前提。译者不能脱离原作的时空条件以及历史文化背景而自由发挥。这是一个"度"的问题。翻译的"信"或"忠实性"像一条主线贯穿了数千年的中西翻译史，人们把它作为当然的真理，也是译者在翻译过程中对自己最基本的要求。因为"任何不能高度地'信'于原文的译文，都不能成为优秀的译文。那些基本上不'信'于原文的译文，甚至根本不配称为翻译"（涂纪亮，2008：1）。

将"信"理解为忠实，这无可争议。但这样的忠实是追求字面形式对等呢还是力求深层内容/意义的一致？是否要求翻译风格的相同？甚至要内容、形式和风格三者同时具备才算是真正的忠实？

《庄子·外物篇》中说"筌者所以在鱼，得鱼而忘筌；蹄者所以在兔，得兔而忘蹄；言者所以在意，得意而忘言"。从语言学的角度来看，这段话的意思是：说话、行文的目的在于达意，语言是达意的工具，若意已达或可得，那么语言弃之也无妨。借鉴到翻译活动中可以这样理解：只要译文对原文的意义把握住了，使译文读者能理解到原文的意义及原文作者的意图，就无需强调译文与原文语言表面的对应。"得意忘言"主张的是对意义的信而非语言形式的信，因此，译文与原文的文字对应，甚至风格的对应都要让位于意义的对等。

但是"信"或"忠实"的标准对于不同的翻译对象是不同的。对于文学类和非文学类文本来说，由于语言特征和文体特征都不相同，各自的功能也有很大差异，因此，"信"的标准也是不确定的。对于文学作品的翻译，"信"的内涵要从内容、形式及风格几个维度去考察，还要突出"美"的艺术价值。而对于非文学类翻译，"信"的内涵主要从内容的维度去考察，对"美"的要求程度较低。在广告和商标翻译中，"信"主要表现在内容的语用维度上。

本书认为"信"这一标准的根本性在于对原文内容或意义的忠实，而意义包括认知意义、命题意义和达到交流目的的语用意义。有时候"即使对句子命题意义的保留仍然可能不是足够好的翻译"（Bar-On，1993：785）。在具体翻译语境中，命题意义的保留往往不足以清楚明确地解释话语含义，这时候为了"信"就要有所取舍。"语言指示歧义或自指歧义类的翻译是牺牲了命题内容而保留了准确性/客观性。在翻译过程中，命题意义、语言意义的丢失不足以影响准确翻译，但认知意义却是必须要保留的"（Bar-On，1993：785）。这种舍命题意义而只保留认知意义的翻译被钱歌川（2011：15 – 16）称为"在不信中求信"。他还举了如下的一个例子来说明：有一部叫《情敌》（*The Rival*）的戏，戏中女主角喜欢炫耀自己的学问，但每说必错，当她高谈子女的教育时说：

例36

As she grew up, I would have her instructed in Geometry, that she might know something of the contagious countries.

译文（1）

等她大了，我要她学些几何学，使她知道一些传染的国家。

译文（2）

等她大了，我要她学些地质学，使她知道一些怜惜的国家。

（钱歌川用例，2011：16）

译文（1）保留了句子的命题意义，却让人读了百思不解。即使"信"也不信了。原来那位太太想说的是"geography"（地理学），却说成了"geometry"（几何学），又将"contiguous"（邻近的）说成了"contagious"（传染的）。译文（2）是在深入理解了原文的基础上，了解认知意义后，巧妙地利用"地质"与"地理"及"邻近"与"怜惜"两对汉语词汇的发音差异来对应英语"geography"与"geometry"及"contiguous"与"contagious"，达到相同的幽默效果。从不信（"地质"与"Geometry"、"怜惜"与"contagious"不对等）中求得真正的信，形象生动地再现了原文表现说话者文化水平低却要处处卖弄自己学问的情景。

因此,在对内容或意义的忠实方面,认知意义又是最为核心的。

形式是阐述和表现内容的,是由结构及语言等因素构成的总和。形式上的"信"可分为宏观结构的"信"和微观结构的"信"。宏观结构包括篇章结构、行文排版格式、标点符号、图表、表现形式等。微观结构的"信"有词汇性质及数量上的对等,也有句法结构的对等。在口译中,宏观结构包括身体语言和副语言形式。身体语言指的是体态语、姿势仪态、手势、面部表情及目光交流;副语言则是指话语内容如何产生,即说话的状态,包括特征音(如笑、哭)、定质音(如音量、音高、节奏、语气)和隔断音(如"un-huh"、"嗯"、"哈")(Samovar et al., 2000)。从原则上说,说话者具有特定的身体语和副语言形式,口译者也最好以同样的形式表现出来。如说话者庄严宣布:"I hereby solemnly swear that..."而译者却随意地以玩笑的口气说"我现在庄严宣誓……"虽然字面的内容一致,却显然没有达到"信"的标准。能够同时在宏观与微观上达到形式上的"信"可能性较小,译者可根据不同文本性质以及形式在传达意义(内容)上的作用进行取舍。但宏观形式上的"信"比微观形式上的"信"更易达到。

形式是由内容决定的,又反作用于内容,具有一定的独立性。"信"绝非仅局限于字面或单纯形式上的对等。如果为了这种字面的对等,而勉强使语句通顺,但牺牲了文体和修辞的特色,便谈不上"信"。由于形式的独立是相对的,它只是内容的表现形式,因此,绝对不能为了形式上的"信"而丢掉了决定形式的内容上的"信"。如果两种语言中相同的内容需要使用不同的表达形式，那么宁可牺牲对形式的"信"而保证内容上的"信"。

风格是指通过作者的主观因素及作品的题材、体裁、艺术手段、语言表达方式以及创作的时代、民族、地域条件等客观因素，从整体上表现出来的独特而鲜明的风貌和格调。可以说风格是通过内容与形式的有机结合体现出来的。从定义上来看，由于作者与译者属于不同的个体，原语及译语分属不同的民族，具有各自不同的文化、历史及地域等条件，译文与原文不可能具有完全相同的风格。因此，译文只能在体裁及语言表达方式等方面尽可能地还原原文的创作风格，译文对原著风格上的忠实也就主要表现在这两个方面。在多数情况下这是可以达到的，但有程度之分，还要看作者进行综合考虑之后的取舍。文学作品在求美原则指导下，对风格上的"信"依具体情况有不同的理解。

张今（1987：94）把文学译作的风格分为以下五种：

(1) 作者风格 +0
(2) 作者风格 + 译者风格
(3) 作者风格 + 译者风格
(4) 0 + 译者风格
(5) 0 + 0

对译作在风格上的要求应以境界（2）和（3）为标准，因为境界（1）是原作的风格；境界（4）是译者风格压倒了原作风格；境界（5）是无风格可言。境界（2）可称为上乘译作，原风格占主导地位，译者风格融入原作风格之中了。境界（3）为中上乘译作，原作与译作风格平分秋色。这样看来，风格上的"信"就是力求达到境界（2）并以此作为评价翻译风格好坏的标准。

因此，在内容、形式及风格上，"信"的标准都是不确定的，不同的角度可以有不同的标准，但对意义的忠实是根本性的。从忠实意义到风格一致，最后才考虑形式对等。如果能够求得三者的一致，可谓翻译中的极品；如果能有意义与风格的一致，可称译中上品；如果只能做到对意义的忠实，也算是正常的翻译。文学作品中，还要以"美"作为辅助标准，必须满足意义的"信"，如果牺牲了在风格和形式上的"信"而达到了"更美"的效果，便也是上乘之译品。这便是翻译中"信"的标准。季羡林先生（2007：5）还将这种不同的"信"的标准称为严译、宽译和述译，并强调，"无论译法如何，有一点是始终如一的：即避免按字直译，努力用新的词或词组以求词义的全部传递"。

此处举《红楼梦》汉译英的一段实例来说明内容与形式及风格的关系。

例 37

然后携你到那昌明隆盛之邦、诗礼簪缨之族、花柳繁华地、温柔宝贵乡去走一遭。

霍克斯译文

After that I shall take you to a certain

第五章　从翻译不确定性看英汉互译的理论与实践

  brilliant
  successful
  poetical
  cultivated
  aristocratic
  elegant
  delectable
  luxurious
  opulent
  locality on a little trip.
（黄忠廉用例，2000b：283）

  原文是散文体的，四字句的运用使得这一长句显得紧凑，节奏匀称、风格简练。霍克斯的译文用的是诗体的表现方式，从形式到风格都明显地变化了，只有内容上的对等，但也"同样庄重、匀称及简练，读起来同样是一句宣示"（许国璋，1991：274），可以说是通过不同的形式及风格达到了相同的效果。

  当作者的目的与译者的目的不相同，也就是原文和译文的语用意义不同时，"信"如何把握？如严复将 *On Liberty* 翻译为"群己权限论"就是一种特殊的、超越的"信"，是对译文读者的"信"，也是对原著的升华。正如王宾教授（2006：5）所言："'信达雅'是在本质主义的作者（原文）中心观氛围中形成，其要害却不在实体性'作者'或经验性'原文'本身。它首先预设了某种不受限制的认识/诠释能力。"严复对 *On Liberty* 原文的认识和重新诠释使它获得了新生。

通过以上论述可以得出这样的结论：翻译的信是基于文本类别的，对原文内容、形式及风格的综合体现。

二 信达雅之间的关系及平衡

信达雅作为翻译标准，三者之间各有侧重，又互为一体。

彭卓吾先生（2000：105）将"信达雅"根植于原文的"思想、语言和风格"，他认为，思想是语言和风格的内容和基础，语言是思想和风格的形式，而风格则是思想的形式和语言的内容。由此推及"信达雅"三者之间的关系：

> "信"是"达"和"雅"的基础和前提，"达"和"雅"是"信"得以实现的手段和条件。没有"信"，固然谈不上"达"和"雅"，而没有"达"和"雅"，"信"也就得不到实现。就"达"来讲，一方面它既以"信"为基础和前提，又使"信"得以实现；另一方面它又是"雅"的基础和前提，但是没有"雅"，它也得不到进一步的完善与提高。就"雅"来说，没有"信"和"达"，固然谈不上"雅"，但是没有"雅"，"信"就得不到进一步的实现，"达"就得不到进一步的发展和完善。这就是"信达雅"三者之间的辩证关系。（彭卓吾，2000：105）

"信"为基础，"达"对"信"有制约作用，因为不流畅的译文是无从谈"信"的。而"雅"作为语言的美，又影响着"信"和"达"。三者构成一个统一的有机体，为我们提供了全面评价翻译质量的准则。"信"与"达"、"雅"如同灵魂与躯体，作为译文灵魂的"信"附于"达"、"雅"的躯体之上。没有了灵魂，躯体就失去了存在的意义；而没有躯体，灵魂将无所附丽。因此，"信"通过"达"和"雅"证明自身的存在；而"达"与"雅"是以"信"为导向，服务于"信"的。

梁启超先生（1984：18，转引自黄任，1998：84）对"信达雅"三原则的看法如下："近人严复，标信达雅三义，可谓知言。然兼之实难，语其体要，则惟先信然后求达，先达然后求雅。"在他眼里，翻译文本要同时达到"信达雅"三原则不容易，但它们三者有主次之分，"信"为先，"达"次之，最后求"雅"。

下面分别讨论"信达雅"之间的三组关系。

（一）信与达

"严复将'信'放在第一位，但'信'的前提是'信达'并行，无'达'即无'信'"（刘军平，2015：69）。"信"为基础，"达"对"信"具有反作用，不"达"也就无所谓"信"了。译者在翻译过程中既要吃透原意，又要用符合目的语习惯的句型和方式表达出来。钻进去，认真理解源语言或搭准源语脉搏；跳出来，以通顺流畅的目的语译之。

玄奘翻译佛经时认为翻译需忠实且为人们所理解，他将"信"与"达"作为两个需要同时遵守的准则（Jin and Nida，1984：79）。我国翻译界也长期将忠实与通顺作为基本原则。"忠实的译文须是通顺的，而译文的通顺则须以忠实于原文为根本基础与前提"。"倘若忠实但不通顺，则忠实的意义尽失；倘若通顺但不忠实，则背离了翻译基本原则及标准"（祝吉芳，

2004：5）。

"在阅读翻译文本时，如果遇到奇异的或不通顺的表达就如同接收口头信息时受物理噪音的干扰一样，我们会觉得将精力用于排除这一类干扰是不值得的"（Jin and Nida, 1984：35）。为了阅读的顺畅就需要调整译文的语言表达，在这种情况下，在一定范围内适当地牺牲形式上的"信"是可以接受的。

现在用两个例子来说明"信"与"达"的关系：

例38

Mr. Beg quickly returned to his office and filed an urgent story to his newspaper in London, little realizing that he was about to become part of a new journalistic legend on Fleet.

译文（1）

贝格连忙赶回办公室，向伦敦报社发表了一条急电，没有想到他自己就要成为伦敦新闻界最新的新闻传说的一部分。

译文（2）

贝格连忙赶回办公室，向伦敦报社发表了一条急电，没有想到这件事后来在舰队街传为新闻界的美谈。

译文（1）是对原文的绝对"忠实"，但这样的忠实却成了译文表达上的不顺畅。因为从深层的意义来看，原文"he was about to become part of a new journalistic legend on Fleet"在汉语语境中的翻译意义为"他将成为某一地方的新闻"，用译文（2）的表达方式能更贴近翻译意义，因此，译文（2）为了

第五章　从翻译不确定性看英汉互译的理论与实践

"达",牺牲的是表面上的"信",实际是比译文(1)更"信"。

例 39

The thought that she would be separated from her husband during his long and dangerous journey saddened Mrs Brown.

译文(1)

在她丈夫那漫长而危险的旅途时间内她将和他分离的这个思想使勃朗太太悲伤。

译文(2)

布朗太太一想到丈夫踏上那漫长而危险的旅途,而在此期间,她又不能跟他在一起,心里不禁感到难过。

(黄邦杰用例:1991:166)

译文(1)为了追求字面的对等,完全套用英文的句型结构来翻译,将"that"引导的定语从句硬译为汉语的定语结构,使汉语译句读起来显得冗长、生硬,且指代不清楚。汉译文(2)改变了原文的句型结构,按照汉语的思维习惯,将原句一分为三;改变"thought"一词的词性;并增加了补充成分("踏上""在此期间")使汉语表达流畅。译文(1)为了达到对原文字面的"信"而使汉语句式欧化,使译文读者读起来拗口,影响了"达"。由于不顺口,从而影响了读者的理解,因此,"信"的程度也大打折扣。而译文(2)虽然牺牲了文字表面的"信",但通过更"达"的汉语表达,使读者更易理解文章的含义,因而保留的翻译意义比译文(1)更多,是更信、更好的翻译。

以上两例的译文(2)均为以文字表面的"信"为代价来

换取达,以达到对内容的更信。但在翻译如《圣经》之类的宗教文献时,需要一种语词的崇拜,即使译文有些晦涩难懂,也要以直译保留原文的表达法。另外,某些科学技术发明也尽量直译,如"clone"直译为"克隆","sofa"直译为"沙发"。在这种情况下,"信"与"达"是协调统一的。由于汉语中没有相应的表达能够译出它们的翻译意义,因此直接引用原来的表达法更为恰当。随着国际交流的加强,这种按原文直译的词汇有增加的趋势。

"译即易,谓换易言语使相解也。"(唐·贾公彦语,转引自陈福康,2000:3)。也就是说翻译要将对原文与对译文读者的忠实结合起来考虑,"相解"是针对译文读者而言,译文最终的忠实也是以交流为尺度的,若交流失败,对原文的所谓"信"也就不能称为信了。总之,为了"达"而牺牲形式上的"信"是可行的,因为英汉语的语言结构及文化差异导致英汉语读者语境的迥然不同,翻译意义随之发生动态变化。无论是英译汉或汉译英,从源语经概念整合投射到目的语的多为深层的内涵而非表面的形式。

(二) 信与雅

"信达雅"三字标准中,对"雅"的争议最大。但这里说的"雅"与严复的以古文为雅有所区别。"雅是指译文的美,主要表现在两个方面,一个是句子结构的美,就是说译文的表达形式地道。另一处是词语美,是指用词准确,搭配合理,音节整齐匀称"(樊永前,2009:24)。郭沫若先生(1984:20)说,"所谓'雅',不是高深或讲修饰,而是文学价值或艺术价值比较高"。"三条件不仅缺一不可,而且是在信达之外,愈雅愈好"。因此,对文学作品的翻译,仅有"信达"还不够,"雅"

第五章 从翻译不确定性看英汉互译的理论与实践

这一标准必不可少。

作为三原则核心的"信"与"雅"是怎样协调统一的呢？圣经学者贾保罗（1965：156）对信与雅之间的关系解释如下：

> 倘若译者只是注重"信"的原则，他的译文就会欠"达"，因为这样的译文势必不达意，"雅"这一个原则就更谈不到了！……一般说来，圣经的每一种译本都会在"信"与"雅"这两个极端之间采取某一个位置；由于译者目的之不同，有些译本可能于两者之间，较为倾向于"信"，而有些译本则可能更为倾向于"雅"。然而这并不意味着"信"与"雅"这两个原则是互不相容的。可通过"雅"，由新的境界达到"信"。

下面分析一段《圣经》的三个汉译文：

例 40

Let the day perish wherein I was born, and the night in which it was said, There is a man child conceived. Let that day be darkness; let not God regard it from above, neither let the light shine upon it. Let darkness and the shadow of death stain it; let a cloud dwell upon it; let the blackness of the day terrify it. （钦定本）

译文（1）

愿我生的那日灭没，愿说怀了男胎的那夜消失。愿那日变为黑暗！愿上帝不从上面探寻它；愿亮光不照射于其

上。愿黑暗漆黑占领它；愿密云停于其上；愿那日的暗翳威吓它。(吕振中译本，1970)

译文（2）

愿我生的那日泯灭，人说怀胎的那夜灭没。愿那日变成黑暗，愿神不从上面眷顾，愿光明不照耀在其上。愿黑暗与死荫索讨那日，愿密云停留在上面，愿白天的昏暗惊吓它。(新译本，2001：539)

译文（3）

愿我出生的那一天灭亡，连同报喜"怀了男胎"的那一夜！愿那一天葬入幽冥，上帝在上，永不看顾，叫它照不见光亮。愿它被冥冥的死影索回，为沉沉乌云覆盖，因白日蚀去而惊惶！(冯象译本，2008：xiii – xiv)

这是《约伯记》第三章第 2 – 5 节的两个翻译版本。约伯突然遭遇家破人亡，因痛不欲生而沉默了七天七夜，最后终于开口诅咒自己的生日。这一连串的诅咒倾诉着约伯的极度痛苦和哀伤、排比句一个接一个，气势层层递进，这分明是诗的倾诉。译文（1）与（2）虽与英文钦定本字词对应确定，译文（3）从表面看来与原文有差异，是为不"信"，是对字面意义的不忠。但从整个故事发生的背景来看，从诗意的角度来看，译文（3）明显更具有文学作品的表现力，更体现了雅。同时也是内涵、意义上的深层次的"信"，是情感、宗教领悟上的忠实。译文（3）的诗意表现形式与原意更加吻合，在特定语境中保留了比前两种译文更多的翻译意义。因为更"雅"，因此更"信"，这便是对"信"与"雅"的最好协调。

第五章　从翻译不确定性看英汉互译的理论与实践

例 41
On Liberty（John Mill）
译文
《群己权界论》（严复译）

　　严复将密尔（John Mill）的 *On Liberty* 翻译为《群己权界论》，以传统的观点来看，此种译法严重偏离了"信"的标准，既不"信"，也不"达"，只有"雅"。但这本书是他翻译的"八大名著"（或称"严译八经"）之一，它们都是西学的精髓，是反映西方国家社会、政治、经济制度的重要著作。这些著作"可以构成一个相对完整的治国的思想体系"（王秉钦、王颉，2009：67）。严复"深入西学观念领域，引进近代西方先进科学思想，作为改造中国人世界观的理论基础，作为思想启蒙的武器，从根本上彻底改造中国。这是严复翻译思想的灵魂"（王秉钦、王颉，2009：64）。他的八大译著的总体目标是唤起中国民众的意识，救亡图存，发蒙思想。本书重在厘清个人与集体之间的关系、权利与责任。从此种意义上来看，这是最好的翻译，是最符合"信"的。因此，应将译者的意图和相关的语境与文本相结合来作为判断翻译好坏的标准，因为翻译是"发生在一种多文化形态环境和另一种同样多文化形态环境之间的转换"（谭载喜，2004：250）。这是由译文对象的需求不同而对翻译的调整所造成的不确定性。翻译意义在协商生成的过程中应将中国当时特定的语境、特殊的社会文化现状包括进来。因此，严复将 *On Liberty* 翻译为《群己权界论》表面看起来是对原文的背离，其实是一种超越和升华。

是译者深入挖掘出了作者本人没有意识到，但在作品中隐含的东西，再通过自己的理解，并结合那个时代中国的社会文化现状及译文读者群的综合语境，最后通过以上的译文表现出来。这样的翻译使得译文在表现力及思想的深刻性上超越原文，起到了意想不到的效果。从这个意义上说，严复的翻译既是"雅"，更是超越的"信"，是通过"雅"而反作用于"信"的典型案例。

但是下一个例子的情况却恰恰相反：

例 42

You are a damn fool.

译文

你是一个很不智慧的人

（Chao 用例，1969：109）

这是一个法庭审判的场合，被告因说了英文原句中带有侮辱的话语而被起诉。如果按照"雅"的标准将英文原句译为"你是一个很不智慧的人"，就失去了原来话语的攻击性，"这种修饰、润色的做法完全没有必要，而且很可能误导法官的判断力"（任蕊、张芳丽，2014：141），最终影响法庭审判的结果。在这种情况下，翻译意义中没有了雅的成分，"译员只要如实再现发言人的语域即可，无需考虑这是否得体等问题"（任蕊、张芳丽，2014：141）。因此，这里的信要特别保留原文的不雅以达到应有的法律效果。

通过以上分析可以看出，文学作品及广告翻译中强调越雅越好,更雅因此更信。但对于科学、法律等其他的文本翻译,我们需要慎重考虑雅对信的反作用。

(三) 达与雅

"达"是"雅"的基础和前提,"雅"是对"达"的进一步完善和升华。没有"达"也就谈不上"雅","达"是基本要求,"雅"是更高要求。如果说"达"是所有翻译意义中必须包含的因素,那么"雅"则是有选择性地存在于部分语境之中。二者对"信"都具有反作用。

对于科技类及商务合同的翻译语境来说,译文必须要绝对真实,清楚无异义地传达原文,翻译意义的内容包括清楚、简洁、无异义,因此"信"与"达"占主导,对"雅"的要求相对较低。但在文学作品、商务广告等艺术性较强的语境中,读者有欣赏的目的,翻译意义中雅占主导地位,是衡量译文的主要标准。叶君健(1997:29)认为,文学翻译以"信达"为基础,"但'雅'则牵涉译者的个性、品格和修养了。没有'雅',译文也就没有个性。一部文学作品是否在另一种文字中具有特色,要看它的译文是否具有个性"。下例诗歌翻译可以清楚地说明"雅"在文学作品中的重要性。

例 43

A ruddy drop of manly blood
The surging sea outweighs,
The world uncertain comes and goes,
The lover rooted stays.

(R. W. Emerson)

译文（1）
男儿热血一点红
远胜海潮浪涌
纵世事无常更迭
我心永恒不变　　（杨佳秀）
译文（2）
气概兮，其血一滴，
怒海兮，终也不敌，
世易兮，无常兮，
柔情之恒绕兮。（唐丽）

  对爱默生这几句英文诗歌的翻译，译文（1）和（2）都算达，但相比而言，译文（2）显得更为古雅，更具有文学情怀和个性特色。由于雅在文学作品中占翻译意义的主导地位，因此译文（2）保留了更多的翻译意义，是更好的译文。

  总之，根据翻译文本的类别不同，翻译意义在协商过程中，"信达雅"三者所占的比重各异。文学语境中，"雅"的重要性更为突出，如例5中王佐良对"Of Studies"的译文更雅，因此，更信；例4科普类文章中，朴实而不太雅的译文更信；例41中雅的译文反而不信。

  如前一小节所述，"信"包含意义、形式及风格三个方面。从总体来看，为了"达"和"雅"而牺牲文字表面上的"信"是可能的。但这样的牺牲与梁实秋及赵景深等倡导的"宁错务顺"有区别。"宁错务顺"是在"信"和"达"发生矛盾时将侧重点倾向于读者，但"错"的提法欠妥。牺牲了形式上的、

第五章　从翻译不确定性看英汉互译的理论与实践

文字表面的"信"并不等于在意义上有错。"信"的定义不应该是译文在字面上的一一对等。"翻译的忠实并不排除文字上的必要改变"（庄夫，1998：97）。

季羡林先生（2007：23）通过"信达雅"标准对译本的评价来谈它们三者之间的关系：

> 译本大体上可以分为三类：第一类，"信"、"达"、"雅"都合乎标准，这是上等。第二类，能"信"而"达"、"雅"不足，这是中等。第三类，不"信"，不"达"，不"雅"，这是下等。有的译文，"达"、"雅"够，而"信"不足。这勉强可以归入第三类。

"信"是根本，只要有了它，至少算得上是合格的译作。没有信的"达"和"雅"是下等的、劣拙之译作。

上述评价主要是针对文学作品翻译及广告类商务翻译而言。对不同类别的翻译文本的评价将最终以语境来判定。

通过本节的论述，我们可以得出以下的结论：语境及翻译意义可以协调"信达雅"三者之间的关系，即"信"、"达"、"雅"三者的平衡是在不同语境中翻译意义的协商生成过程中进行协调的。在具体语境中，"信"、"达"、"雅"将重新按不同的比重分配翻译意义，我们以保留翻译意义的多少来评价翻译的优劣。不同的语境及其影响下的翻译意义将构成不同的翻译文本分析框架。

结　语

借鉴蒯因的翻译不确定性论题，本书提出了一种以翻译意义为依据的，既具有客观性，又能容纳不确定性的新的翻译观念。

通过文献归纳与概念分析，对蒯因的"翻译不确定性"论题进行了批判性审查。翻译不确定性论题的三大理由是：指称不可测知性、证据对于理论的非充分决定性及本体论相对性。在从彻底翻译思想实验到翻译不确定性的提出过程中，蒯因建立了一个与传统的意义概念框架完全不同的、全新的分析框架——从外部行为和刺激入手的行为主义的分析框架。这一框架以观察句为基础，以刺激—反应作为意义判断的标准。这一分析框架与蒯因的整体论及实用主义思想共同体现为他的新经验主义立场。彻底翻译思想实验的三个步骤全部隐藏着意义的不确定性，特别是第三步分析假设阶段，翻译不确定性由此而来。但是，由于翻译不确定性论题导致了意义怀疑论，翻译的可能性也受到挑战。于是我们引入戴维森的真值条件意义论，并通过彻底诠释、诠释不确定性以及"三角测量模式"论述从诠释到翻译的

结　语

可能性。

本书通过探讨翻译不确定性与翻译理论及实践的关系，得出以下的结论。理论方面，翻译是可能的，翻译的不确定性非不可译性；确定性与不确定性及可译性与不可译性之间的关系是辩证的，是整体与局部、恒定与暂时的关系；翻译的客观性与不确定性之间是忠实与放纵、不变与万变以及整体与局部的关系；翻译是在原作与译作间求似的过程，是在客观性基础上的不确定性趋于确定的动态过程。在翻译实践中，由于语音语形及语用不匹配、词汇意义与语言结构歧义与不匹配、思维模式及文化差异等因素造成了翻译的不确定性。

由于翻译是不确定的，翻译标准也是动态变化的，因此，本书通过借鉴并完善多里特·巴恩提出的翻译意义的概念，建立了一个动态的翻译评价的标准体系。翻译意义是介于源语表达式和译语文本之间的一套特征，具有语境依赖性、时间性、协商性、生成性及动态平衡等性质。这一评价体系主张以保留翻译意义的多少作为评价译本优劣的标准，具体评价模式如下：针对特定的读者人群，对同一源文本的不同翻译版本进行比较，翻译意义保留得越多，译文质量越好，反之则越差。按照这一标准，翻译质量可以分为准确、最佳、相当及更好四个层次。

通过案例分析和比较研究法，用翻译意义的标准对比同一源文本的不同翻译版本之间的联系和区别，以保存翻译意义的多少来区分英汉互译中科学类、文学类、商务类、隐喻及口译典型案例中的准确、最佳、相当及更好的译文。依据蒯因的"翻译不确定性"论题，提出一种新的翻译观念：翻译首先要有基于不同文本类别要求的客观性，又具有在翻译意义允许范围内的不确定性。翻译的客观性与不确定性之间是忠实与放纵、不变与万变、整体与局部的关系。

语境因素影响翻译过程。本书借鉴蒯因的意义整体论的合理观点，提出翻译需考虑语言内及语言外的多种语境因素，包括文本因素、社会文化因素及语用认知因素。并通过对"信"、"达"、"雅"翻译三原则及其相互关系的论述，建立了以语境原则及翻译意义作为协调"信达雅"三原则的分析框架。

蒯因的翻译不确定性论题为我们带来以下的启示。

翻译是可能的、客观的，又是不确定的，翻译标准不是绝对的。翻译文本有多个种类，翻译目的及功能各不相同。因此，翻译的客观性与不确定性以及翻译评价标准也是多样和分层次的。"信达雅"是一种理想的状态，主要针对的是文学作品，文本种类不同，三要素所占据的主导地位也就不一样。科技翻译、法律翻译以及商务合同翻译等都是有相对确定的标准的。文学作品本身种类的多样性也决定了翻译不确定性的程度各异以及评价标准的不同。以上各种层次的不确定性及多样性最终都可以通过基于语境的三原则在翻译意义中的分配多少来协调与平衡，以达到最佳翻译效果为目的。

对于译者来说，在翻译过程中要有不确定性的理念。翻译不是唯一的，评价标准也是动态的、协商的。因此，译者就要试图多角度了解原作者的意图，从语言内、语言外以及语言外的认知环境入手，找出最佳语境关联。并以语境原则为导向，考虑翻译的多种内部及外部因素，找出不确定性的原因，最终目的在于最大限度地保留翻译意义，提高各类文本的翻译质量。

翻译不确定性使经典文学名著具有了常青的生命。正是这

结　语

种不确定性才使作品有了走入时代的重译、走近读者的重译以及走向完善的重译等不同种类的重译。

本课题是将翻译不确定性论题用于指导翻译理论及英汉互译具体实践的拓展性研究，具有以下创新之处。

创新之一，对蒯因的翻译不确定性论题进行批判性的审查。通过梳理蒯因翻译不确定性论题的背景、立论根据及论证思路，分析蒯因论题的合理性因素及其对传统翻译观的挑战。传统翻译观以"意义事实"为基础，以语词的同义性为标准，强调语词和局部的对等，认为翻译是从语词开始，再到短语、句子，最后至语篇的自下而上的过程。蒯因通过批判"同义性"的概念来否认"意义事实"的存在，认为那是旧经验主义的教条。因此，局限于语言内部进行转换的传统翻译观面临挑战。根据蒯因，语词不是意义的最小单位，语词的意义是被分配的，是在宏观的、整体的语句或语篇的环境中来决定的。这一点给我们的启示为：翻译不能只是局部语言单位之间的转换过程，翻译必须要考虑各种语境，包括语言内的上下文、整个语篇及语言外的认知环境、时代背景以及社会文化等因素。

创新之二，阐释、补充完善"翻译意义"的概念并将之引入翻译评价体系中，重构了一组在不同语境下以保留翻译意义的多少来评判翻译文本质量的更加合理的翻译评价标准。针对特定译文读者，在不同的翻译文本之间进行比较，最大限度地保留翻译意义的译文是准确翻译；最好地保留翻译意义的译文是最佳翻译；更多地保留翻译意义的译文是更好的翻译。针对特定的或不同的译文读者，在同等程度上保留了翻译意义的译文是同样好的翻译。论著还将翻译意义这一标准用于指导英汉/

汉英各类翻译实践，对英汉互译科学类、文学类、商务类、隐喻及口译等类别的典型案例进行了分析。

创新之三，根据翻译不确定性论题关于意义整体论等合理性观点，提出了一种以翻译意义为依据的，既具有客观性，又能容纳不确定性的新的翻译观念，批判了传统翻译观过分强调客观性以及解构主义翻译观过分强调不确定性的思想。翻译的客观性通过译文的忠实性、不变性与整体性来体现，不确定性是局部的、放纵的与万变的，但不确定性始终是处于翻译意义框架之内，受制于翻译意义的。

创新之四，提出以语境原则及翻译意义作为协调"信达雅"翻译三原则的分析框架。在这一分析框架中，"信"、"达"、"雅"三者之间的平衡是以语境为依赖的，是在翻译意义的协商生成过程中进行协调的。在不同的语境中，三要素的主导地位不一样，在翻译意义中所占的比重也就不同。基于特定语境，按照"信达雅"分配给翻译意义的比值来衡量保留翻译意义的多少。"信达雅"三原则的动态变化受制于语境之中，体现在翻译意义之内。

从翻译不确定性论题来谈翻译的理论和实践问题，本研究主要选取英汉互译的典型案例，对其他语种涉及较少，虽可以一推之，但难免片面。因为不同的语言有各自的特点、思维模式及框架结构，它们的本体论承诺各不相同。另外，翻译文本的分析也只包括文学、科学及商务等几大类，未能涉及其他典型文本，如法律、新闻等。

本课题后续研究方向：

第一，进一步深入理解与分析蒯因的翻译不确定性论题。

结　语

　　第二，以多种语言为例说明翻译不确定性论题对翻译理论及实践的启示。

　　第三，扩展英汉互译文本的涵盖面。除了科学类、文学类、商务类之外，还可以涉及专业性更强、更细的领域，如电子科技类、经济类、金融类、管理类、医学类、法律类、新闻类等。

　　第四，翻译文本的分析可以进一步深化，从语用推理、认知意义、脉络与连贯等方面来分析和比较译文保留翻译意义的多少。

参考文献

包惠南:《文化语境与语言翻译》,中国对外翻译出版公司,2001。
〔苏〕巴尔胡达罗夫:《语言与翻译》,察毅等编译,中国对外翻译出版公司,1985。
〔法〕保罗·利科:《活的隐喻》,汪堂家译,上海译文出版社,2004。
陈波:《蒯因的语言哲学》,《北京社会科学》1996年第4期。
陈波:《奎因哲学研究:从逻辑和语言的观点看》,生活·读书·新知三联书店,1998。
陈常燊:《理解的准则:戴维森合理性理论研究》,中国社会科学出版社,2012。
陈福康:《中国译学理论史稿(修订版)》,上海外语教育出版社,2000。
陈嘉映:《语言哲学》,北京大学出版社,2003。
谌莉文、梅德明:《意义阐释与口译思维运作的主体间性:语言游戏视角》,《外语与外语教学》2010年第6期。

参考文献

成晓光：《蒯因"翻译的不确定性"再思考——兼论文化的可译性和不可译性》，《当代外语研究》2014年第6期。

〔美〕成中英：《奎因暗藏有心灵理论吗？——兼论翻译不确定性的意义》，《哲学分析》2014年第3期。

崔永禄主编《文学翻译佳作对比赏析》，南开大学出版社，2001。

〔法〕达尼卡·赛莱斯科维奇、玛丽娅娜·勒德雷尔：《口笔译概论》，孙慧双译，北京语言学院出版社，1992。

杜世洪：《从个案出发看"不可译现象"的可译潜势》，《外语研究》2007年第1期。

杜争鸣：《论意译、直译、不译的社会语言学与跨文化交际涵义》，郭建中编《文化与翻译》，中国对外翻译出版公司，2000。

樊永前编著《翻译技能与技巧》，气象出版社，2009。

方兴：《翻译问题新探——基于戴维森意义理论的反思》，中国社会科学出版社，2010。

方兴：《从戴维森的彻底解释看翻译的可能性》，《中州学刊》2010年第5期。

〔苏〕费道罗夫：《费道罗夫关于可译性/不可译性问题的说明及确切翻译的原则》，群力译，中国对外翻译出版公司编《外国翻译理论评介文集》，中国对外翻译出版公司，1983。

冯庆华：《实用翻译教程》（英汉互译），上海外语教育出版社，2002。

冯文坤：《翻译与翻译之存在》，四川人民出版社，2009。

〔英〕格雷林：《哲学逻辑引论》，牟博译，中国社会科学出版社，1990。

郭建中：《当代美国翻译理论》，湖北教育出版，2000。

郭建中：《翻译：理论、实践与教学》，浙江大学出版社，2010。

郭沫若：《给"俄文教学"编辑部的回信》，中国译协《翻译通讯》编辑部编《翻译研究论文集（1949－1983）》，外语教学与研究出版社，1984。

何刚：《情境、意向、表达行为——表达方式探微》，《外国语》2002年第2期。

何刚、张春燕：《试论文化语用原则》，《修辞学习》2006年第5期。

何三宁：《翻译多元论实证分析研究》，科学出版社，2008。

何自然：《语用学与语言学习》，上海外语教育出版社，1997。

〔英〕霍布斯：《利维坦》，黎思复、黎廷弼译，商务印书馆，1985。

洪谦主编《逻辑经验主义》（上卷），商务印书馆，1982。

胡红辉、曾蕾：《〈论语〉及其英译本中投射语言的人际功能分析》，《北京科技大学学报》（社会科学版）2012年第3期。

黄邦杰：《译艺谭》，中国对外翻译出版公司、三联书店香港分店合作出版，1991。

黄会健：《蒯因重构经验论的启发》，《浙江工业大学学报》（社会科学版）2014年第1期。

黄任：《对"信、达、雅"的再认识》，耿龙明主编《翻译论丛》，上海外语教育出版社，1998。

黄振定：《简论翻译的客观性与主观性》，《外语与外语教学》2000年第1期。

黄忠廉：《翻译本质论》，华中师范大学出版社，2000a。

黄忠廉：《翻译变体研究》，中国对外翻译出版公司，2000b。

黄忠廉：《"信达雅"与"达旨术"关系论》，《外语学刊》2013年第6期。

黄忠廉：《达：严复翻译思想体系的灵魂——严复变译思想考之一》，《中国翻译》2016年第1期。

贾保罗：《中文圣经之修订——前途如何》，贾保罗主编《圣经汉译论文集》，香港：基督教辅侨出版社，1965。

贾欣岚、刘轶菲：《本雅明与德里达解构主义翻译思想之比较分析》，《天津大学学报》（社会科学版）2015年第5期。

季羡林：《季羡林谈翻译》，当代中国出版社，2007。

金学勤：《〈论语〉英译之跨文化阐释：以理雅各、辜鸿铭为例》，四川大学出版社，2009。

〔美〕奎因：《逻辑哲学》，邓生庆译，生活·读书·新知三联书店，1991。

〔美〕奎因：《真之追求》，王路译，生活·读书·新知三联书店，1999。

李德超：《翻译理论的哲学探索：奎因论翻译的不确定性》，《上海科技翻译》2004年第4期。

李建军：《文化翻译论》，复旦大学出版社，2010。

李明清：《商务翻译标准多元论》，湖南人民出版社，2009。

李佩瑶：《"不可译"论的主体间性批判》，《黑龙江教育学院学报》2015年第2期。

李文革：《西方翻译理念流派研究》，中国社会科学出版社，2004。

李越然:《论口译的社会功能——口译理论基础初探》,《中国翻译》1999年第3期。

廖七一:《当代英国翻译理论》,湖北教育出版社,2004。

廖七一:《严复翻译批评的再思考》,《外语教学》2016年第3期。

梁启超:《论译书》,中国译协《翻译通讯》编辑部编《翻译研究论文集(1894-1948)》,外语教学与研究出版社,1984。

林从一:《思想.语言.社会.世界——戴维森的诠释理论》,台北:允晨文化实业有限公司,2004。

刘法公:《隐喻汉英翻译原则研究》,国防工业出版社,2008。

刘军平:《通过翻译而思:翻译研究的哲学途径》,《外语与外语教学》2010年第2期。

刘军平:《后严复话语时代:叶君健对严复翻译思想的拓新》,《外语与外语教学》2015年第6期。

刘宓庆、吴明华:《现代翻译理论》,山东文艺出版社,1990。

陆谷孙主编《英汉大词典》(第2版),上海译文出版社,2007。

陆国强:《思维模式与翻译》,上海外语教育出版社,2012。

〔美〕罗伯特·所罗门:《大问题:简明哲学导论》(第3版),张卜天译,广西师范大学出版社,2011。

罗国清:《零翻译研究》,上海交通大学出版社,2011。

〔英〕罗素:《西方哲学史》(下卷),马元德译,商务印书馆,1982。

吕俊:《奎因的"翻译不确定性"到底是什么意思?——对一个译学中哲学误读的纠正》,《上海翻译》2012年第2期。

鲁迅:《关于翻译——给瞿秋白的回信》,中国译协《翻译通讯》编辑部编《翻译研究论文集》，外语教学与研究出版社，1984。

尼古拉斯·布宁、余纪元编著《西方哲学英汉对照辞典》，人民出版社，2001。

马会娟：《商务英语翻译教程》，中国商务出版社，2004。

马会娟：《汉译英翻译能力研究》，北京师范大学出版社，2013。

梅德明主编《通用口译教程》，北京大学出版社，2007。

梅德明：《悟道与译道》，《中国翻译》2012年第5期。

梅剑华：《对奎因翻译不确定性再思考》，《哲学动态》2011年第12期。

潘松：《蒯因翻译不确定性研究》，《华东师范大学》2015年第1期。

潘文国：《对外汉语教学的跨文化视角》，华东师范大学出版社，2004。

彭爱民：《蒯因不确定性论题解读》，《西南交通大学学报》（社会科学版）2011年第3期。

彭利元：《翻译不确定性论题解析》，《外语与翻译》2015年第4期。

彭卓吾：《翻译学——一门新兴科学的创立》，北京图书馆出版社，2000。

钱歌川：《翻译的基本知识》，世界图书出版公司，2011。

钱冠连：《汉语文化语用学》，清华大学出版社，1997。

钱锺书：《林纾的翻译》，中国译协《翻译通讯》编辑部编《翻译研究论文集（1949-1983）》，外语教学与研究出版社，1984。

邱懋如：《翻译对等及最近原则》，耿龙明主编《翻译论丛》，上海外语教育出版社，1998。

曲卫国：《语用学的多层面研究》，复旦大学出版社，2012。

却正强：《论翻译中的可译性与不可译性之争》，《学术问题研究》（综合版）2010年第2期。

冉永平：《语用学：现象与分析》，北京大学出版社，2006。

任蕊主编《研究生口译概论》，东北大学出版社，2014。

〔英〕萨克雷：《名利场》，杨必译，人民文学出版社，1957。

单继刚：《翻译的哲学方面》，中国社会科学出版社，2007。

〔德〕施太格缪勒：《当代哲学主流》（上卷），王炳文等译，商务印书馆，1986。

施展旦：《意义整体论的证立与反驳》，《自然辩证法研究》2015，31（8）。

〔美〕E.C. 斯坦哈特：《隐喻的逻辑——可能世界中的美比》，黄华新等译，浙江大学出版社，2009。

孙冠臣：《奎因彻底翻译的不确定性论题》，《世界哲学》2006年第1期。

孙自挥：《本体论相对性的语言性解读》，《西南民族大学学报》（人文社会科学版），2011年第1期。

孙自挥：《对奎因的意义不确定性论题的研究》，《电子科技大学学报》2011年第3期。

谭载喜：《西方翻译简史》（增订版），商务印书馆，2004。

谭载喜：《关于西方翻译理论发展史的几点思考》，《外国语》2005年第1期。

唐红芳：《跨文化语用失误研究》，西南交通大学出版社，2007。

〔美〕唐纳德·戴维森:《真与谓述》,王路译,上海译文出版社,2007a。

〔美〕唐纳德·戴维森:《对真理与解释的探究》,牟博、江怡译,中国人民大学出版社,2007b。

汤富华:《从意义不确定论谈译本差异的永恒性》,《外语与外语教学》2006年第4期。

涂纪亮:《西方语言哲学研究的现状与前景》,《外语教学与研究》2003年第5期。

涂纪亮:《从解释学角度考察翻译标准中的"信"》,《外语学刊》2008年第1期。

王宾:《翻译与诠释》,上海外语教育出版社,2006。

王秉钦、王颉:《20世纪中国翻译思想史》(第二版),南开大学出版社,2009。

王丹阳:《翻译的不确定性:原因·表现·启示》,《外语与外语教学》2003年第3期。

王德春:《多角度研究语言》,清华大学出版社,2002。

王东风:《解构"忠实"——翻译神话的终结》,《中国翻译》2004年第6期。

汪福祥:《汉译英中的习语翻译》,外文出版社,2007。

王静:《戴维森纲领与知识论重建》,科学出版社,2013。

王静、张志林:《语义外在论对语言理解的必要性》,《哲学研究》2010年第5期。

王宁:《翻译研究的文化转向:解构主义的推进》,《清华大学学报(哲学社会科学版)》2009年第6期。

王颖冲:《再论德里达的"relevant" translation》,《中国翻译》

2011年第5期。

王银权:《实用汉英电视新闻翻译》,武汉大学出版社,2009。

王宇宏:《英汉语通感隐喻比对研究》,上海外语教育出版社,2011。

汪堂家:《可译性、不可译性与思维方式的转换》,李伟国编《辞海新知》(第7辑),上海辞书出版社,2001。

汪堂家:《哲学的追问:哲学概念清淤录之一》,复旦大学出版社,2012。

王寅:《认知语言学的"体验性概念化"对翻译主客观性的解释力》,《外语教学与研究》2008年第3期。

〔德〕威廉·冯·洪堡特:《论语言的民族特性》,姚小平编译《洪堡特语言哲学文集》,商务印书馆,2011。

〔美〕威廉·莱肯:《当代语言哲学导论》,陈波、冯艳译,中国人民大学出版社,2011。

〔美〕威廉·詹姆斯:《实用主义》,陈羽纶、孙瑞禾译,商务印书馆,1979。

〔德〕沃尔特·本雅明:《翻译者的任务》,乔向东译,《中国比较文学》1999年第1期。

武光军:《奎因的翻译哲学研究》,《外语教学理论与实践》2012年第1期。

武锐:《翻译理论探索》,东南大学出版社,2010。

夏国军:《蒯因整体论:经验论的第四个里程碑》,《自然辩证法研究》2015年第3期。

夏廷德:《翻译补偿研究》,湖北教育出版社,2006。

肖家燕:《红楼梦概念隐喻的英译研究》,中国社会科学出版社，2009。

徐北文主编《李清照全集评注》，济南出版社，1990。

许国璋：《许国璋论语言》，外语教学与研究出版社，1991。

许钧：《文字·文学·文化：〈红与黑〉汉译研究》，南京大学出版社，1996。

徐艳利：《论"翻译不确定性"论题中的译者主体性问题》，《外语研究》2013年第1期。

许渊冲：《译笔生花》，文心出版社，2005。

〔法〕雅克·德里达：《论文字学》，汪堂家译，上海译文出版社，1999。

〔法〕雅克·德里达：《书写与差异》，张宁译，生活·读书·新知三联书店，2001。

严复：《天演论·译例言》，中国译协《翻译通讯》编辑部编《翻译研究论文集》，外语教学与研究出版社，1984。

杨丰宁：《英汉语言比较与翻译》，天津大学出版社，2006。

杨平：《中西文化交流视域下的〈论语〉英译研究》，光明日报出版社，2011。

杨晓琼：《奎因的意义怀疑论及其对翻译的启示》，《外国语文研究》2016年第2期。

杨晓荣：《翻译批评导论》，中国对外翻译出版公司，2005。

叶闯：《理解的条件——戴维森的解释理论》，商务印书馆，2006。

叶闯：《翻译不确定性对意义的否定》，《世界哲学》2009年第1期。

叶君健：《翻译也要出精品》，《中国翻译》1997年第1期。

于红、张政:《翻译为何不确定?——奎因翻译哲学研究》,《西安外国语大学学报》2015 年第 12 期。

岳好平:《英汉情感隐喻的认知研究》,湖南人民出版社,2010。

张今:《文学翻译原理》,河南大学出版社,1987。

赵明:《语际翻译与文化交融》,中国矿业大学出版社,2003。

赵明、王慧娟、吕淑文:《关于零翻译的若干问题探讨》,《中国矿业大学学报(社会科学版)》2005 年第 2 期。

张妮妮:《意义,解释和真》,中国社会科学出版社,2008。

张蓊荟:《认知视阈下英文小说汉译中隐喻翻译的模式及评估》,中国文联出版社,2009。

祝吉芳主编《英汉翻译:方法与试笔》,北京大学出版社,2007。

朱光潜:《谈翻译》,中国译协《翻译通讯》编辑部编《翻译研究论文集(1894~1948)》,外语教学与研究出版社,1984。

朱志方:《翻译何以可能——蒯因的翻译不确定性论题批判》,《学术月刊》2008 年第 4 期。

庄夫:《翻译标准论》,耿龙明主编《翻译论丛》,上海外语教育出版社,1998。

Bar-On, D. *Indeterminacy of Translation: Theory and Practice*, University of California, 1987.

Bar-On, D. "Indeterminacy of Translation: Theory and Practice", *International Phenomenological Society*, 1993, 53 (4).

Carnap, R. "Meaning and Synonymy in Natural Languages", *Philosophical Studies*, 1955, 6 (3).

Carnap, R. *Meaning and Necessity* 2nd ed, Chicago: The University of Chicago Press, 1956.

Catford, J. C. *A Linguistic Theory of Translation*, Oxford: Oxford University Press, 1965.

Chao, Y. R. "Dimensions of Fidelity in Translation with Special Reference to Chinese", *Harvard Journal of Asiatic Studies*, 1969, (29).

Chomsky, N. "Quine's Empirical Assumptions", in D. Davidson & J. Hintikka (eds.). *Words and Objections*, Dordrecht: Reidel, 1969.

Chomsky, N. *Rules and Representations*, New York: Columbia University Press, 1980.

Davidson, D. "Reply to Burge", *The Journal of Philosophy*, 1988, 85 (11).

Davidson, D. "The Structure and Content of Truth", *The Journal of Philosophy*, 1990, 87 (6).

Davidson, D. Meaning, "Truth, and Evidence", in R. Barrett & R. Gibson (eds.). *Perspective on Quine*, Oxford: Blackwell, 1991.

Davidson, D. "Truth Rehabilitated", *Truth, Language, and History*, Oxford: Oxford University Press, 1997.

Davidson, D. "In Defence of Convention-T", *Inquiries into Truth and Interpretation* 2nd ed, Oxford: Clarendon Press, 2001a (5).

Davidson, D. "Radical Interpretation", *Inquiries into Truth and Interpretation* 2nd ed, Oxford: Clarendon Press, 2001a9.

Davidson, D. "Belief and the Basis of Meaning", *Inquiries into Truth and Interpretation* 2nd ed, Oxford: Clarendon Press, 2001a (10).

Davidson, D. "On the Very Idea of a Conceptual Scheme", *Inquiries into Truth and Interpretation* 2nd ed, Oxford: Clarendon Press, 2001a (13).

Davidson, D. "Rational Animal", *Subjective, Intersubjective, Objective*, Oxford: Clarendon Press, 2001b (7).

Davidson, D. "The Second Person", *Subjective, Intersubjective, Objective*, Oxford: Clarendon Press, 2001b (8).

Davidson, D. "Coherence Theory of Truth and Knowledge", *Subjective, Intersubjective, Objective*, Oxford: Clarendon Press, 2001b (10).

Davidson, D. "Epistemology Externalized", *Subjective, Intersubjective, Objective*, Oxford: Clarendon Press, 2001b (13).

Davidson, D. *Essays on Actions and Events.* 2nd ed, Oxford: Clarendon Press, 2001c.

Davis, K. *Deconstruction and Translation.* Shanghai: Shanghai Foreign Language Education Press, 2004.

Derrida, J. *Positions.* Trans. Alan Bass, Chicago: University of Chicago Press, 1981.

Evans, G. *The Varieties of Reference.* Oxford: Oxford University Press, 1982.

Evans, G. Identity and Predication. *Collected Papers.* Oxford: Oxford University Press, 1985.

Friedman, M. Physicalism and the Indeterminacy of translation. *Noûs*, 1975, 9 (4).

Gentzler, E. *Contemporary Translation Studies*. London & New York: Routledge. 1993.

Gibson, Jr. R. F. *The Philosophy of W. V. Quine: an Expository Essay*. Tampa, FL: University Presses of Florida, 1982.

Goldblatt, H. "Why I Hate Arthur Waley? Translating Chinese in a Post-Victorian Era", *Translation Quarterly*. 1999, (13 – 14).

Grayling, A. C. *An Introduction to Philosophic Logic* 3rd ed, Oxford: Blackwell Publishers. 1997.

Grice, H. P. & P. F. Strawson. "In Defense of a Dogma", *Philosophical Review*, 1956, 65 (2).

Gumperz, J. J. & S. C. Levinson. "Introduction: Linguistic Relativity Re-examined", in J. J. Gumperz, & S. C. Levinson (eds.). *Rethinking Linguistic Relativity*, Cambridge, UK: Cambridge University Press, 1996.

Hervey, S. J. "Speech Acts and Illocutionary Function in Translation Methodology", in L. Hickey (eds.). *The Pragmatics of Translation*, Shanghai: Shanghai Foreign Languages Education Press, 2001.

Hickey, L. "Perlocutionary Equivalence: Marking, Exegesis and Recontextualisation", in L. Hickey (eds.). *The Pragmatics of Translation*, Shanghai: Shanghai Foreign Languages Education Press, 2001.

Hobbes, T. *Leviathan*, Kindle, 2012.

Hookway, C. *Quine: Language, Experience and Reality*, London: Polity Press, 1988.

Jakobson, R. "On Linguistic Aspect of Translation", in Brower (eds.). *On Translation*, Cambridge, Mass: Harvard University Press, 1959.

Jin, D. & E. A. Nida. *On Translation : with Special Reference to Chinese and English*, Beijing: China Translation & Publishing Corporation, 1984.

Kelly, L. *The True Interpreter*, Oxford: Basil Blackwell, 1979.

Kirk, R. *Translation Determined*, Oxford: Oxford University Press, 1986.

Kuhn, T. S. *The Structure of Scientific Revolution* 2nd ed, Enlarged. Chicago: The University of Chicago Press, 1970.

Landers, C. E. *Literary Translation: A Practical Guide*, Shanghai: Shanghai Foreign Language Education Press, 2008.

Leech, G. *Semantics: The Study of Meaning* 2nd ed, Harmondsworth: Penguin, 1981.

Locke, J. *An Essay Concerning Human Understanding*, Oxford: Oxford University Press, 1979.

Lycan, W. G. *Philosophy of Langauge* 2nd ed, New York & London: Routledge, 2008.

Medina, J. *Language: Key Concepts in Philosophy*, London & New York: Continuum, 2005.

Miller, A. & W. Crispin (eds.). *Rule-Following and Meaning*,

Chesham: Acumen Publishing Limited, 2002.

Miller, A. "Meaning Scepticism", M. Devitt and R. Hanley (eds.). *The Blackwell Guide to the Philosophy of Language*, Oxford: Blackwell, 2006.

Miller, A. *Philosophy of Language* 2nd ed, Montreal & Kingston: McGill- Queen's University Press, 2007.

Mounin, G. *Les problémes théoriques de la traduction*, Paris : Gallimard, 1963.

Newmark, P. *Approaches to Translation*, Oxford: Pergamen Press, 1981.

Nida, E. A. *Toward a Science of Translating*, Leiden: E. J. Brill, 1964.

Nida, E. A. & C. R. Taber. *The Theory and Practice of Translation*, Leiden: E. J. Brill, 1982.

Palmer, R. E. *Hermeneutics: Interpretation Theory in Schleiermacher, Dilthey, Heidegger, and Gadamer*, Evanston, IL: Northwestern University Press, 1969.

Pitcher, G. Introduction. G. Pitcher (eds.). *Truth*, Englewood Cliffs: Prentice-Hall, 1964.

Quine, W. V. O. "Main Trends in Recent Philosophy: Two Dogmas of Empiricism", *The Philosophical Review*, 1951, (60).

Quine, W. V. O. *From a Logical Point of View*, Cambridge, MA: Harvard University Press, 1953.

Quine, W. V. O. *Word and Object*, Cambridge, MA: MIT Press, 1960.

Quine, W. V. O. *The Ways of Paradox and Other Essays*, New York: Random House, 1966.

Quine, W. V. O. *Ontological Relativity and Other Essays*, New York: Columbia University Press, 1969.

Quine, W. V. O. *Philosophy of Logic*, Englewood: Prentice Hall, 1970.

Quine, W. V. O. "Facts of the Matter", in W. S. Robert & R. M. Kenneth (eds.). *American Philosophy: From Edwards to Quine*, Norman, Oklahoma: The University of Oklahoma Press, 1977.

Quine, W. V. O. *Theories and Things*, Cambridge, MA: Harvard University Press, 1981.

Quine, W. V. O. "Truth by Convention", in P. Benacerraf & H. Putman (eds.). *The Philosophy of Mathematics*, Cambridge: Cambridge University Press, 1983.

Quine, W. V. O. "Indeterminacy of Translation Again", *The Journal of Philosophy*, 1987, 84 (1).

Quine, W. V. O. *Pursuit of Truth*, Cambridge, MA: Harvard University Press, 1992.

Quine, W. V. O. "Three Indeterminacies", in R. B. Barret and R. F. Gibson (eds.). *Perspectives on Quine*, Cambridge, MA: Blackwell, 1993.

Quine, W. V. O. "In Praise of Observation Sentences", *Journal of Philosophy*, 1993, (15).

Robinson, D. *Western Translation Theory: from Herodotus to*

Nietzsche, Beijing: Foreign Language Teaching and Research Press, 2006.

Samovar, L. A. , R. E. Porter & L. A. Stefani. *Communication Between Cultures* 3rd ed, Beijing: Foreign Language Teaching and Research Press, 2000.

Soames, S. "Indeterminacy of Translation and the Inscrutability of Reference", *Cannadian Journal of Philosophy*, 1999, (29).

Soames, S. *Philosophical Analysis in the Twentieth Century, Volume 2: The Age of Meaning*, Princeton & Oxford: Princeton University Press, 2003.

Steiner, G. *After Babel: Aspect of Language and Translation*, Shanghai: Shanghai Foreign Language Education Press, 2001.

Tytler, A. F. *Essay on the Principles of Translation*, Beijing: Foreign Language Teaching and Research Press, 2007.

Wilss, W. *The Science of Translation: Problems and Methods*, Amsterdam: John Benjamins Publishing Company, 1982.

后　记

　　本书是在我的博士论文基础上修改而成的。在本书的写作过程中，我得到了导师、同事、朋友及家人的大力帮助，在此表示衷心的感谢。

　　我的导师，上海外国语大学的梅德明教授从论文选题、撰写，以及最后定稿方面都提出了合理的建议，他还在我困惑之时给予及时鼓励。梅老师启发式的教学方式以及乐观豁达的人生态度将影响和指引我今后的教学科研之路。

　　我的导师，复旦大学哲学学院的张志林教授对本书的撰写思路、框架结构以及提纲要点都给予具体的指导，随时答疑解惑；他为我系统梳理与详细讲解书中的哲学相关内容，并在定稿前动笔修改润色；旁听张老师的哲学导论及语言哲学课使我受益匪浅。我的好友和导师，同济大学人文学院的王静教授将我领入哲学之门，引导我参与她的国家社科项目，并将语言哲学与翻译相结合作为研究方向；本书第三章"翻译与诠释"是在阅读她的博士论文、专著后，并在她的耐心答疑基础上才撰写完成的。

　　在本书的撰写过程中，华东师范大学的何刚教授就翻译与文化相关问题为我解惑，并就语料分析提供英汉译文，结语部分的提炼总结也得益于同他的深入交谈。

已故复旦大学哲学学院的汪堂家教授在我访学期间，建议我将隐喻文本列入英汉互译典型案例分析之中，使得该部分内容更加充实。

我的同事及好友高黎平教授、王强副教授为我提供语言哲学及翻译相关资料和英汉互译典型案例翻译文本，还有部分章节结构及语言表达上的建议，每一次建议都凝聚他们的智慧与心血；刘世英教授及曹华博士为我提供语料库分析的相关资料，还对第五章的案例分析提供有价值的参考意见；重庆邮电大学外国语学院的领导和同事们给予我无私的帮助，我对他们心怀感激。

我的朋友戴婷婷、温辉，师妹倪明红，师弟刘振为本书的撰写查找了大量参考资料。我亲爱的学生们，重庆邮电大学2017届翻译专业的同学为我提供了英汉翻译的分析语料。

非常感谢社会科学文献出版社当代世界出版分社祝得彬社长和刘学谦编辑为本书出版付出的辛勤劳动。

我的先生杨小松在我多年的求学之路中，最大限度地包容和理解我，他默默地支撑起了整个家庭。小棉袄杨映雪是我的开心果，她总是在我最低迷的时候给我安慰。

本书得到国家社会科学基金项目"巴以水冲突研究"（13XSS012）及重庆邮电大学博士启动基金项目"翻译不确定性与英汉互译"（K2014-138）的资助，在此表示诚挚的谢意。

窗外鸟鸣花香，又一个春天，又是新的起点。

陈卉

2017年春于重庆市花卉园

图书在版编目(CIP)数据

翻译不确定性:理论与实践/陈卉著. -- 北京:社会科学文献出版社,2017.6
 ISBN 978-7-5201-0857-7

Ⅰ.①翻… Ⅱ.①陈… Ⅲ.①翻译-研究 Ⅳ.①H059

中国版本图书馆 CIP 数据核字(2017)第 116038 号

翻译不确定性:理论与实践

著　者 / 陈　卉

出 版 人 / 谢寿光
项目统筹 / 祝得彬
责任编辑 / 刘学谦　刘　娟

出　　版 / 社会科学文献出版社·当代世界出版分社 (010) 59367004
　　　　　　地址:北京市北三环中路甲29号院华龙大厦　邮编:100029
　　　　　　网址:www.ssap.com.cn
发　　行 / 市场营销中心 (010) 59367081　59367018
印　　装 / 北京季蜂印刷有限公司

规　　格 / 开本:880mm×1230mm　1/32
　　　　　　印　张:8.375　字　数:187千字
版　　次 / 2017年6月第1版　2017年6月第1次印刷
书　　号 / ISBN 978-7-5201-0857-7
定　　价 / 48.00元

本书如有印装质量问题,请与读者服务中心 (010-59367028) 联系

▲ 版权所有 翻印必究